네이티브가
사용하는
영어패턴은
따로있다

by Jaymax Lee

I'm your Book

Samyoung Publishing House

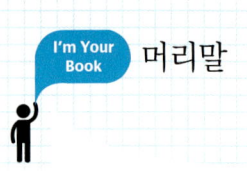 머리말

영어가 모국어가 아닌 우리나라 환경에서 초급학습자가 영어에 대한 기본 틀을 가장 효과적이고 체계적으로 만들 수 있는 방법은 무엇이 있을까요?

어린이들이 모국어를 습득할 때처럼, 문법지식 등을 먼저 학습하는 것이 아니라 그저 일상생활에서 많이 듣고, 말하고 또 읽는 연습을 하는 것이 가장 효과적일까요? 어린이들을 대상으로 한 영어교육이라는 측면에서 본다면, ESL(English as Second Language-제2언어로서의 영어)환경이 아닌, EFL(English as Foreign Language-제2외국어로서의 영어) 환경이라고 할지라도, 오랜 시간을 두고 아이들로 하여금 자연스럽게 독서, TV시청 등을 통해 영어적 사고(구조)를 습득하고 그렇게 습득된 영어적 사고(구조)를 활용해 원어민 선생님들 또는 친구들을 포함한 주변 환경과 의사소통(communication)과 상호작용(interaction)을 통해 영어를 자연스럽게 체득하도록 하는 방법이 가장 효과적이라고 말하는 것이 정답일 수도 있습니다.

다만, 이미 언어학습의 결정적 시기(critical period)라고 불리는 청소년기의 특정 나이 때를 지나, 또 현실적으로 영어에 노출될 수 있는 시간이 턱없이 부족한 대한민국이라는 환경에서 뒤늦게 제2외국어를 습득하고자 노력하는 성인 초급 영어학습자들이 어린아이가 모국어를 배우듯이 영어를 공부하는 것이 과연 효과적일까요? 아니, 보다 근본적인 질문은 그런 식의 자연스러운 영어학습이 정말 가능하긴 할까요?

I'm your Book

네이티브가
사용하는
영어패턴은
따로있다

I'm Your Book
네이티브가 사용하는 영어 패턴은 따로 있다!

2014년 7월 30일 초판 1쇄 발행
2016년 8월 10일 초판 3쇄 발행
지은이   Jaymax Lee(이충훈)
펴낸이   정정례
펴낸곳   삼영서관
마케팅   김정욱
디자인   디자인클립
주　소   서울 동대문구 답십리동 469-9 1F
전　화   02) 2242-3668
팩　스   02) 2242-3669
홈페이지   www.sysk.kr
이 메 일   syskbooks@naver.com
등 록 일   1978년 9월 18일
등록번호   제 1-261호
책　값   11,500원
ISBN   978- 89-7318-377-7   13740
※ 파본은 구입처에서 교환하여 드립니다.

제 개인적인 경험과 지식을 근거로 단언컨대 성인 초급 영어학습자가 영어학습을 위해 제일 먼저 시작해야 할 것은, 언어를 만드는 규칙인 문법지식을 이해한 후, 그 문법 지식이 활용된 패턴(의미덩어리)을 반복 학습을 통해 자연스럽게 말할 수 있도록 습관화시키는 과정일 것입니다. 여기에 덧붙여, 패턴학습을 통해 익숙해진 문장을 간단한 실생활 대화문을 통해서 연습하면서 배운 내용을 확인하고 활용해 보는 과정도 필수적으로 거쳐야 합니다.

본 책은 대한민국에서 가장 쉬운 영어 왕기초 패턴 책이라고 할 수 있습니다. 학교에서 정규과정을 공부한 대한민국 초급 영어학습자들이라면 누구나 이해할 수 있는 쉬운 문법의 틀을 바탕으로 네이티브들이 일상생활에서 사용하는 가장 필수적이면서도 쉬운 회화패턴을 연습하고, 또 대화를 통해 배운 내용의 실용성을 느낄 수 있도록 체계적으로 구성된 책입니다.

이 책으로 영어회화의 기본 틀을 탄탄하게 다진다면 영어를 유창하게 말하고 싶은 여러분들의 목표에 한 걸음 더 가까이 다가갈 수 있을 겁니다.

저자 이충훈

I'm Your Book 이 책의 구성과 특징

인트로 페이지

영어 왕 기초 학습자들이 반드시 알고 있어야 하는 기본 문장들을 모아서 제시해 주고 있습니다. 각 문장들은 공통적으로 적용 되는 기초 문법을 바탕으로 선별되었습니다. 본격적인 학습 시작 전에 배울 내용을 간략하게 살펴보시기 바랍니다.

PATTERN 01 난 ~야. / 난 ~해.

I am[=I'm] + 명사/형용사.

주어 I는 '나는'이란 뜻이고, am은 '~이다'란 뜻이죠. am 뒤에는 Jack, a doctor 등의 명사가 와서 주어인 I의 신분을 설명하거나 happy(행복한), sad(슬픈) 등의 형용사가 와서 주어의 감정 상태를 설명해 줄 수 있습니다. 또는 'from Korea'와 같이 '전치사 + 명사' 덩어리가 위치하기도 합니다.

패턴 & 문법 설명

학습할 패턴과 함께, 그 패턴에 쓰이고 있는 문법지식을 간략하게 설명해 주었습니다. 학습자분들은 저자직강의 무료 음성강의를 들으면서 좀 더 명확하고 자세하게 문법을 배우실 수 있습니다.

 기본패턴 개념잡기

난 존 박이야.	I'm John Park.
난 연구원이야.	I'm a researcher.
난 행복해.	I'm happy.

기본패턴 & 확장패턴 개념잡기

기본패턴과 이를 확장시킨 확장패턴을 각각 제시해주고 있습니다. 학습한 문법 지식을 바탕으로 패턴 문장이 어떻게 만들어지는지 확인할 수 있습니다.

 확장패턴 개념잡기

I'm from ~. 난 ~에서 왔어. / 난 ~출신이야.

· 난 한국에서 왔어. I'm from Korea.
· 난 부산출신이야. I'm from Busan.

학습한 내용의 암기 정도를 확인할 수 있게 구성된 EXERCISE입니다. 앞서 배운 REAL Situation을 그대로 옮겨 놓은 연습코너로 패턴문장을 한글과 키워드로 구성하여 학습자들이 완성된 영문 없이도 문장을 만들어 말하는 것이 가능한지를 최종 확인해 볼 수 있도록 구성하였습니다.

패턴완성하기

아래 패턴 문장들을 mp3를 들으며 큰 소리로 따라 읽어보세요.

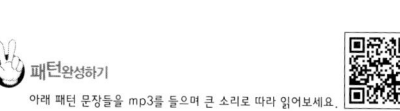

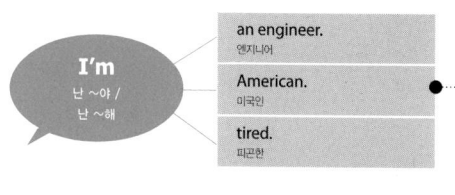

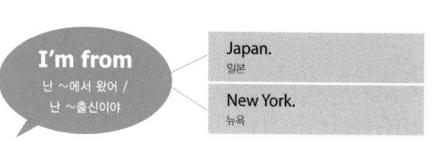

패턴 완성하기

본격적인 패턴연습입니다. MP3를 들으며 반복적으로 패턴 문장을 듣고 따라 읽어보는 연습을 해야 합니다. 반복연습의 횟수는 많으면 많을수록 좋습니다.

REAL Situation

A: **Hello,** I'm Morris Lee. I'm an officer worker.
B: **Hi, Morris.** I'm Jenny Kim. I'm a nurse.
A: I'm from Canada. **Where are you from,** Jenny?
B: I'm Korean. I'm from Seoul.

A: 안녕. 난 모리스 리야. 난 직장인이지.
B: 안녕, 모리스. 난 제니 킴이야. 난 간호사야.
A: 난 캐나다에서 왔어, 제니. 넌 어디서 왔니?
B: 난 한국인이야. 난 서울 출신이야.

REAL Situation

대화문을 통해서 패턴이 어떻게 실제 상황에서 실용적으로 사용 가능한지를 확인해 볼 수 있습니다. 주변 친구들과 스터디를 구성하여 주고받는 연습을 한다면 더욱 더 효과적이겠지요?

목차

UNIT 01

Pattern 01 _18	I am(I'm) ~. I'm from ~.	난 ~야. / 난 ~해. 난 ~에서 왔어. / 난 ~ 출신이야.
Pattern 02 _20	You are(You're) ~. You're very ~.	너 ~구나. 너 매우 ~하구나.
Pattern 03 _22	I'm not ~. I'm not ~ now.	난 ~이지 않아. / 난 ~하지 않아. 난 지금 ~하지 않아.
Pattern 04 _24	Are you ~? Were you ~?	너 ~이니? / 너 ~하니? 너 ~였니? / 너 ~있었니?

EXERCISE _ 26

UNIT 02

Pattern 05 _28	She is so ~. She's really ~.	걘 너무 ~야(해). 걘 정말 ~야(해).
Pattern 06 _30	He's good at ~. He's terrible at ~.	걘 ~를 잘해. 걘 ~는 형편없어.
Pattern 07 _32	He's picky about ~. He's a big fan of ~.	걘 ~에 대해 까다로워. 걘 ~의 열성팬이야.
Pattern 08 _34	She's handy with ~. She's allergic to ~.	걘 ~를 잘 다뤄. 걘 ~에 알레르기가 있어.

EXERCISE _ 36

UNIT 03

Pattern 09 _38	It is too ~. It's a little ~.	그거 너무 ~해. 그거 좀 ~해.
Pattern 10 _40	It's on ~. It's under ~.	그거 ~(위)에 있어. 그거 ~아래에 있어.
Pattern 11 _42	It's in ~. It's in front of ~.	그거 ~ 안에 있어. 그거 ~ 앞에 있어.
Pattern 12 _44	It was next to ~. It was between ~.	그거 ~ 옆에 있었어. 그건 ~ 사이에 있었어.

EXERCISE _ 46

UNIT 04

Pattern 13 _48	This is ~. This is not ~.	이것은 [이 분은] ~야. 이것은 [이 분은] ~가 아니야.
Pattern 14 _50	That is ~. That is not ~.	저것은 [저분은] ~야. 저것은 [저분은] ~가 아니야.
Pattern 15 _52	These are ~. These are not ~.	이것들은 [이분들은] ~야. 이것들은 [이분들은] ~가 아니야.
Pattern 16 _54	Are those ~? Aren't those your~?	저것들은 [저분들은] ~니? 저것들 [저분들] 네 ~이지 않니?

EXERCISE_ 56

UNIT 05

Pattern 17 _58	There is ~. There is no ~.	~가 있어. ~가 없어.
Pattern 18 _60	There are ~. There are not enough ~.	~가 있어. ~가 충분치 않아.
Pattern 19 _62	Is there ~? Are there any ~?	~가 있니? 혹시 ~가 있니?
Pattern 20 _64	There's nothing like ~. There's no such thing as ~.	~보다 좋은 건 없어. ~같은 건 없어.

EXERCISE_ 66

UNIT 06

Pattern 21 _68	I + 일반동사 ~. I don't + 일반동사 ~.	나 ~해요. 난 ~ 안 해요.
Pattern 22 _70	I + 일반동사 과거형 ~. I didn't + 일반동사 ~.	나 ~했어요. 나 ~ 안 했어.
Pattern 23 _72	You look + 형용사. I feel + 형용사.	너 ~해 보여. 나 ~한 기분이 들어.
Pattern 24 _74	Do I + 일반동사 ~? Did I + 일반동사 ~?	내가 ~하나? 내가 ~했어?

EXERCISE_ 76

목차

UNIT 07

Pattern 25 _78	He + 일반동사(e)s ~. She doesn't + 동사 원형 ~.	그는 ~해. 그녀는 ~하지 않아.
Pattern 26 _80	She + 일반동사 과거형(-ed) ~. She didn't + 동사 원형 ~.	그녀는 ~했어. 그녀는 ~안 했어.
Pattern 27 _82	Does he ~? Did she ~?	그는 ~하니? 그녀는 ~했니?
Pattern 28 _84	Does it ~? It doesn't ~.	그거 ~하니? 그건 ~하지 않아.

EXERCISE_ 86

UNIT 08

Pattern 29 _88	I have + 병명. I have no ~.	나 ~가 아파(~에 걸렸어). 나 ~ 없어.
Pattern 30 _90	He has ~. He has a lots of ~.	그는 ~가 있어. 그는 ~가 많아.
Pattern 31 _92	I had ~. I didn't have any ~.	나 ~가 있었어. 난 ~가 전혀 없었어.
Pattern 32 _94	Do you have ~? Did you have ~?	너 ~ 있니? 너 ~가 있었니[가졌니]?

EXERCISE_ 96

UNIT 09

Pattern 33 _98	It smells ~. It smells like ~.	~한 냄새가 나네. ~ 같은 냄새가 나.
Pattern 34 _100	You sound ~. You sound like ~.	너 (목소리가) ~하게 들려. 너 말하는 게 ~ 같아.
Pattern 35 _102	It tastes ~. Does it taste like ~?	맛이 ~해. 그거 ~ 맛 같아?
Pattern 36 _104	He seems ~. Does he seem like ~?	그는 ~해 보여. 그는 ~처럼 보이니?

EXERCISE_ 106

UNIT 10

Pattern 37 I always ~. 난 항상 ~해.
_108 He is always ~. 그는 항상 ~야.

Pattern 38 I usually ~. 난 보통 ~해.
_110 I often ~. 난 종종 ~해.

Pattern 39 I sometimes ~. 난 가끔 ~해.
_112 I rarely ~. 난 거의 ~ 안 해.

Pattern 40 I never ~. 난 절대 ~ 안 해.
_114 I'll never ~. 절대 ~하지 않을 거야.

EXERCISE_116

UNIT 11

Pattern 41 I'm + 동사-ing ~. 나 ~하는 중이야.
_118 I was + 동사-ing ~. 나 ~하던 중이었어.

Pattern 42 Are you + 동사-ing ~? 너 ~하는 거니?
_120 Are you planning ~? 너 ~를 계획 중인 거니?

Pattern 43 I'm not ~. 나 ~하는 거 아니야.
_122 I wasn't + 동사-ing ~. 나 ~하고 있던 거 아니야.

Pattern 44 What are you + 동사-ing ~? 너 뭘 ~하고 있는 거야?
_124 What were you + 동사-ing ~? 너 뭘 ~하고 있었던 거야?

EXERCISE_126

UNIT 12

Pattern 45 I'm going to + 동사 원형 ~. 난 ~할 거야. / 난 ~일 거야.
_128 I'm not going to ~. 난 ~ 안 할 거야.

Pattern 46 Are you going to ~? 너 ~할 거니?
_130 Arent' you going to ~? 너 ~ 안 할 거야?

Pattern 47 I was going to ~. 니 ~하려고 했었어.
_132 Were you going to ~? 너 ~하려고 했었니?

Pattern 48 I wil + 동사 원형 ~. 난 ~할 게.
_134 I won't ~ anymore. 나 더 이상 ~ 안 할거야.

EXERCISE_136

목차

UNIT 13

Pattern 49 _ 138
It is ~.
It's ~ outside.
(날씨, 거리, 시간 등이) ~야.
밖이 ~야.

Pattern 50 _ 140
Is it ~?
What + 명사 + is it?
(날씨, 거리, 시간 등이) ~인가?
무슨 ~ 야?

Pattern 51 _ 142
It takes ~.
It take ~ by '교통수단'.
~가 걸려.
...로 ~가 걸려.

Pattern 52 _ 144
How + 형용사 + is it?
How far is it from A to B?
얼마나 ~ 야?
A에서 B까지 얼마나 멀어?

EXERCISE _ 146

UNIT 14

Pattern 53 _ 148
I have + 과거분사.
I haven't + 과거분사.
나 ~해본 적 있어.
나 ~해본 적 없어.

Pattern 54 _ 150
Have you + 과거분사?
Have you ever ~ ?
너 ~해본 적 있어?
너 지금까지 ~해본 적 있어?

Pattern 55 _ 152
I have already ~.
I haven't ~ yet.
나 이미 ~ 했어.
나 아직 ~ 못 했어.

Pattern 56 _ 154
How long have you ~?
It has + 과거분사.
너 얼마나 오래 ~ 했니?
(날씨가) 계속 ~해왔어.

EXERCISE _ 156

UNIT 15

Pattern 57 _ 158
He gave me + 명사.
Did he give you ~?
그가 내게 ~를 줬어.
그가 네게 ~를 줬니?

Pattern 58 _ 160
She sent me + 명사.
Did you send me ~?
그녀가 내게 ~를 보냈어.
너 내게 ~를 보냈니?

Pattern 59 _ 162
He bought me + 명사.
Will you buy me ~?
그가 내게 ~를 사줬어.
너 내게 ~ 사줄래?

Pattern 60 _ 164
I'll get you + 명사.
Will you get me ~?
내가 네게 ~를 가져다줄게.
내게 ~ 좀 가져다줄래?

EXERCISE _ 166

UNIT 16

Pattern 61 _ 168 I can + 동사 원형 ~. 나 ~ 할 수 있어.
You can ~ now. 너 이제 ~해도 돼.

Pattern 62 _ 170 I can't + 동사 원형 ~. 나 ~ 못 해.
I can't wait to ~. 나 너무[빨리] ~하고 싶어.

Pattern 63 _ 172 Can you + 동사 원형 ~. 너 ~ 할 수 있어?
Can I ~? 나 ~해도 돼?

Pattern 64 _ 174 I couldn't ~. 나 ~ 할 수 없었어.
Could you ~? ~해 주시겠어요?

EXERCISE _ 176

UNIT 17

Pattern 65 _ 178 I must + 동사 원형 ~. 나 ~해야만 해.
You mustn't ~. 너 절대로 ~해서는 안 돼.

Pattern 66 _ 180 He must be ~. 그는 ~임이 틀림없어.
It must be ~. 그건 ~임이 틀림없어.

Pattern 67 _ 182 May I ~? ~해도 될까요?
You may ~. ~하셔도 됩니다.

Pattern 68 _ 184 He may ~. 그는 ~할지도 몰라.
It may not ~. ~가 아닐지도 몰라.

EXERCISE _ 186

UNIT 18

Pattern 69 _ 188 You should + 동사 원형 ~. 너 ~해야 해.
You shouldn't ~. 너 ~해선 안 돼.

Pattern 70 _ 190 Should I + 동사 원형 ~? 나 ~해야 할까?
Shouldn't you ~? 너 ~해야 하지 않니?

Pattern 71 _ 192 I have to + 동사 원형 ~. 나 ~해야 해.
You don't have to ~. 너 ~할 필요 없어.

Pattern 72 _ 194 You'd better + 동사 원형 ~. 너 ~하는 게 좋을 거야.
I used to ~. 난 ~하곤 했었어.

EXERCISE _ 196

목차

UNIT 19

Pattern 73 _ 198
I'm interested in + 명사. 나 ~에 관심 있어.
~ is interesting. ~는 재미있어.

Pattern 74 _ 200
I'm bored with ~. 나 ~가 지겨워.
~ is boring. ~는 지루해.

Pattern 75 _ 202
I'm disappointed with ~. 나 ~에 실망했어.
~ was disappointing. ~는 실망스러웠어.

Pattern 76 _ 204
I'm satisfied with ~. 난 ~에 만족해.
~ was satisfying. ~는 만족스러웠어.

EXERCISE _ 206

UNIT 20

Pattern 77 _ 208
Please + 동사 원형 ~. ~해줘.
Please don't ~. 제발 ~하지 마.

Pattern 78 _ 210
Don't be so + 형용사. 너무 ~하지 마.
Don't be afraid of ~. ~를 무서워 마.

Pattern 79 _ 212
Don't ever ~ again. 다시는 ~ 하지 마.
Don't worry about ~. ~는 걱정하지 마.

Pattern 80 _ 214
Have a great ~! 즐거운 ~ 보내!
Happy ~! ~축하해!/ 행복한 ~되!

EXERCISE _ 216

UNIT 21

Pattern 81 _ 218
Thank you for ~. ~고마워.
Thank you so much for ~. ~ 정말로 고마워.

Pattern 82 _ 220
I'm sorry about ~. ~ 미안해.
I'm sorry, but ~. 미안하지만, ~.

Pattern 83 _ 222
Let's ~. ~하자.
Let's not ~. ~하지 말자.

Pattern 84 _ 224
Let's go out for ~. ~하러 나가자.
Let's go + 동사원형. 가서 ~하자.

EXERCISE _ 226

UNIT 22

Pattern 85 Who is your + 명사? 네 ~가 누구야?
_228 Who is your favorite ~? 가장 좋아하는 ~가 누구야?

Pattern 86 What is your ~? 네 ~가 뭐야?
_230 What's your favorite ~? 네가 가장 좋아하는 ~가 뭐야?

Pattern 87 Who + 일반동사 ~? 누가 ~하지[했지?]
_232 What happened to your ~? 너 ~가 어떻게 된 거야?

Pattern 88 Who is going to ~? 누가 ~할 거야?
_234 Who doesn't ~? ~안[못] 하는 사람이 어디 있어?

EXERCISE_ 236

UNIT 23

Pattern 89 What do you ~? 너 무엇을[뭘, 무슨] ~하니?
_238 What did you ~? 너 뭘 ~했니?

Pattern 90 Where do you usually ~? 너 어디에[서, 로] 보통 ~하니?
_240 Where did you ~? 너 어디서[로, 에] ~했니?

Pattern 91 When did you ~? 너 언제 ~했어?
_242 When will you ~? 너 언제 ~할 거야?

Pattern 92 When is ~? ~ 언제야?
_244 Where is the + 장소명사? ~는 어딨어?

EXERCISE_ 246

UNIT 24

Pattern 93 How is(are) ~? ~는 어때?
_248 How was ~? ~는 어땠어?

Pattern 94 How do you ~? 너 어떻게 ~해?
_250 How did you ~? 너 어떻게 ~했니?

Pattern 95 How often do you ~? 너 얼마나 자주 ~해?
_252 How much is ~? ~는 얼마야?

Pattern 96 How can I ~? (내가) 어떻게 ~할 수 있을까?
_254 How should I ~? 어떻게 ~해야 하지?

EXERCISE_ 256

UNIT 25

Pattern 97 _258	Why are you ~? Why are you + 동사-ing ~?	너 왜 ~니? 너 왜 ~하는 거야?
Pattern 98 _260	Why do you ~? Why do you always ~?	너 왜 ~하니? 넌 왜 항상 ~하니?
Pattern 99 _262	Why did you ~? Why didn't you ~?	너 왜 ~한 거야? 너 왜 ~ 안 했어?
Pattern 100 _264	Why don't you ~? Why don't we ~?	너 ~하는 게 어때? 우리 ~하는 게 어때?

EXERCISE_ 266

왕초보! 한 번 쯤은 영어로 꼭 해보고 싶었던 말
**베스트 4!
패턴으로 해결한다!**

UNIT 01

난 연구원이야.
I'm a researcher.

너 화났구나.
You're angry.

나 슬프지 않아.
I'm not sad.

너 지금 바쁘니?
Are you busy now?

01 PATTERN 난 ~야. / 난 ~해.

I am[=I'm] + 명사/형용사.

주어 I는 '나는'이란 뜻이고, am은 '~이다'란 뜻이죠. am 뒤에는 Jack, a doctor 등의 명사가 와서 주어인 I의 신분을 설명하거나 happy(행복한), sad(슬픈) 등의 형용사가 와서 주어의 감정 상태를 설명해 줄 수 있습니다. 또는 'from Korea'와 같이 '전치사 + 명사' 덩어리가 위치하기도 합니다.

기본패턴 개념잡기

난 존 박이야.   **I'm** John Park.
난 연구원이야. **I'm** a researcher.
난 행복해.   **I'm** happy.

확장패턴 개념잡기

I'm from ~.   난 ~에서 왔어. / 난 ~출신이야.

- 난 한국에서 왔어.   I'm from Korea.
- 난 부산출신이야.   I'm from Busan.

패턴완성하기

아래 패턴 문장들을 mp3를 들으며 큰 소리로 따라 읽어보세요.

I'm
난 ~야 /
난 ~해

- an engineer.
  엔지니어
- American.
  미국인
- tired.
  피곤한

I'm from
난 ~에서 왔어 /
난 ~출신이야

- Japan.
  일본
- New York.
  뉴욕

REAL Situation

A: Hello, I'm Morris Lee. I'm an office worker.

B: Hi, Morris. I'm Jenny Kim. I'm a nurse.

A: I'm from Canada. Where are you from, Jenny?

B: I'm Korean. I'm from Seoul.

A: 안녕. 난 모리스 리야. 난 직장인이지.
B: 안녕, 모리스. 난 제니 킴이야. 난 간호사야.

A: 난 캐나다에서 왔어. 제니, 넌 어디서 왔니?
B: 난 한국인이야. 난 서울 출신이야.

I'm Your Book

02 PATTERN 너 ~구나.

You are[=You're] + 명사/형용사.

주어 You는 '너는'이란 뜻이고, are는 '~이다'란 뜻이죠. are 뒤에는 Tom, a nurse 등의 명사가 오거나, angry(화난), sleepy(졸린) 등의 상태를 나타내는 형용사가 와서 are와 결합을 해 완전한 의미가 전달됩니다. 형용사 앞에 위치하는 very는 형용사의 의미를 강조해 줄 수 있습니다.

 기본패턴 개념잡기

너 가정주부구나.	**You're** a housewife.
너 중국에서 왔구나.	**You're** from China.
너 화났구나.	**You're** angry.

 확장패턴 개념잡기

You're very + 형용사.   너 매우 ~하구나.

- 너 매우 게으르구나.   You're very lazy.
- 너 매우 친절하구나.   You're very kind.

 **패턴완성하기**

아래 패턴 문장들을 mp3를 들으며 큰 소리로 따라 읽어보세요.

You're
너 ~구나

- a high school teacher.
  고등학교 선생님
- Chinese.
  중국인
- from London.
  런던 출신인

You're very
너 매우 ~하구나

- selfish.
  이기적인
- tall.
  키가 큰

 **REAL Situation**

A: You're very smart. You're a teacher, right?

B: Yes, I'm a math teacher.

A: You're very diligent. You're from Germany, right?

B: Yes, I'm German.

A: 너 매우 똑똑하구나. 너 선생님이지, 그지?
B: 응, 나 수학선생님이야.

A: 너 매우 부지런하구나. 너 독일에서 왔지, 그지?
B: 응, 나 독일사람이야.

 I'm Your Book

03 PATTERN 난 ~이지 않아. / 난 ~하지 않아.

I'm not ~.

I am의 부정형은 I am not입니다. 줄여서 I'm not이라고 하지요. 이 패턴은 '전 ~가 아닙니다'란 의미를 전달해 줍니다. now는 '지금, 이제'란 뜻으로 문장에 붙여서 말하는 시점을 강조해 줄 수 있습니다.

기본패턴 개념잡기

난 메리 킴이 아니야.	**I am not** Mary Kim.
난 의사가 아니야.	**I am not** a doctor.
난 슬프지 않아.	**I am not** sad.

확장패턴 개념잡기

I'm not ~ now.   난 지금 ~하지 않아.

- 난 지금 피곤하지 않아.   I'm not tired now.
- 난 지금 목마르지 않아.   I'm not thirsty now.

 **패턴완성하기**

아래 패턴 문장들을 mp3를 들으며 큰 소리로 따라 읽어보세요.

I'm not
난 ~이지 않아 /
난 ~하지 않아

- a student. 학생
- Russian. 러시아인
- depressed. 우울한
- sleepy now. 지금 졸린
- busy now. 지금 바쁜

 **REAL Situation**

A: You're hungry, right?
B: No, I'm not hungry now. I'm full.

A: You're very tall. You're from the Netherlands, right?
B: No, I'm not Dutch. I'm from Denmark.

A: 너 배고프지, 그지?
B: 아니, 나 지금 배 안 고파. 나 배불러.

A: 너 매우 크구나. 너 네덜란드에서 왔지, 그지?
B: 아니. 난 네덜란드인이 아니야. 난 덴마크에서 왔어.

04 PATTERN 너 ~이니? / 너 ~하니?

Are you ~?

be동사 am, are, is가 쓰이는 문장의 의문문은 주어 앞으로 be 동사를 이동시키면 됩니다. 즉, Am I ~?(나 ~이니?) / Are you ~?(너 ~이니?) / Is he ~?(걔 ~이니?)처럼 말이죠. am, is 각각의 과거형은 was이고, are의 과거형은 were입니다. 상대방에게 Were you ~?라고 질문을 던지면 '너 (전에) ~였니?'란 질문을 할 수 있습니다.

 기본패턴 개념잡기

너 지금 바쁘니?	**Are you** busy now?
너 여기 학생이니?	**Are you** a student here?
너 회사에 있니?	**Are you** at work?

 확장패턴 개념잡기

Were you ~? 너 ~였니? / 너 ~있었니?

- 너 축구 선수였니?   Were you a soccer player?
- 너 버스에 있었니?   Were you on the bus?

아래 패턴 문장들을 mp3를 들으며 큰 소리로 따라 읽어보세요.

Are you
너 ~이니?
/ 너 ~하니?

- **Jack's girlfriend?** 잭의 여자친구
- **popular in school?** 학교에서 인기 있는
- **at the museum?** 박물관에

Were you
너 ~였니?
/ 너 ~있었니?

- **cold last night?** 어제 밤에 추운
- **in Hong Kong last week?** 지난 주에 홍콩에

 REAL Situation

A: I'm still single. How about you?
Are you married?

B: Well, I was married, but not anymore.

A: Were you sick yesterday?

B: Yes, I was. I was in bed all day.

A: 난 여전히 싱글이야. 넌 어때? 넌 결혼했니?
B: 그게, 결혼 했었지. 근데 지금은 아니야.

A: 너 어제 아팠니?
B: 응, 아팠어. 나 하루 종일 침대에 있었어.

EXERCISE

배웠던 대화 내용을 영어로 다시 말할 수 있는지 확인해 보세요.

1 A: Hello, 난 모리스 리야. 난 직장인이지. ▶ office worker 직장인
   B: Hi, Morris. 난 제니 킴이야. 난 간호사야. ▶ nurse 간호사
   A: 난 캐나다에서 왔어. Where are you from, Jenny?
   ▶ Canada 캐나다
   B: 난 한국인이야. 난 서울 출신이야. ▶ Korean 한국인

2 A: 너 매우 똑똑하구나. 너 선생님이지, right? ▶ smart 똑똑한
   B: Yes, 나 수학선생님이야. ▶ math teacher 수학선생님
   A: 너 매우 부지런하구나. 너 독일에서 왔지, right? ▶ Germany 독일
   B: Yes, 난 독일인이야. ▶ German 독일사람

3 A: You're hungry, right?
   B: No, 나 지금 배 안 고파, I'm full. ▶ hungry 배고픈
   A: You're very tall. You're from the Netherlands, right?
   B: No, 난 네덜란드인이 아니야. I'm from Denmark.
   ▶ Dutch 네덜란드 사람

4 A: I'm still single. How about you? 너 결혼했니?
   ▶ married 결혼한
   B: Well, I was married, but not anymore.
   A: 너 어제 아팠니? ▶ sick 아픈
   B: Yes, I was. I was in bed all day.

왕초보 한 번 쯤은 영어로 꼭 해보고 싶었던 말
**베스트 4!
패턴으로 해결한다!**

UNIT 02

갠 너무 예뻐.
She is so pretty.

갠 수학을 잘해.
He's good at math.

갠 음식에 대해 까다로워.
He's picky about food.

갠 컴퓨터를 잘 다뤄.
She's handy with a computer.

05 PATTERN 걘 너무 ~야[해].

She is so + 형용사

주어가 He, She 등의 3인칭 단수일 때 '~이다'란 뜻의 be동사로 is를 사용해야 합니다. 정확한 해석은 He(그는), She(그녀는)이지만 우리말로는 간단히 "걘"이라고 할 수 있겠죠? so는 '굉장히, 너무'란 뜻으로 형용사의 의미를 강조해 주지요. 예를 들어서 pretty는 '예쁜'이지만, so pretty는 '너무 예쁜'이 되는 것처럼요.

 기본패턴 개념잡기

걘 너무 예뻐.	**She is so** pretty.
걘 너무 건강해.	**She is so** healthy.
걘 너무 쿨하게 멋져.	**She is so** cool.

 확장패턴 개념잡기

She's really ~. 걘 정말 ~야[해].

- 걘 정말 섹시해.   She's really hot.
- 걘 정말 삐쩍 말랐어.   She's really skinny.

패턴완성하기

아래 패턴 문장들을 mp3를 들으며 큰 소리로 따라 읽어보세요.

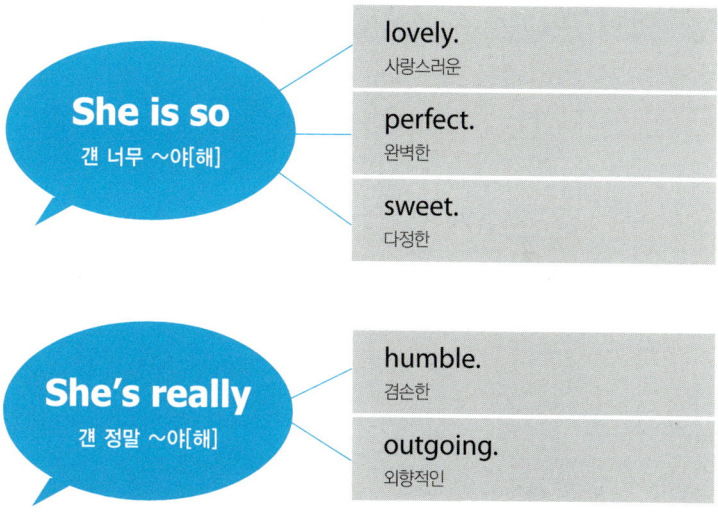

She is so
걘 너무 ~야[해]

- lovely.
  사랑스러운
- perfect.
  완벽한
- sweet.
  다정한

She's really
걘 정말 ~야[해]

- humble.
  겸손한
- outgoing.
  외향적인

REAL Situation

A: Here is a picture of my girlfriend.
B: Wow, she's so cute.

A: Is your sister tall?
B: Yes, she's really tall, but she's a bit fat.

A: 여기 내 여자 친구 사진이야.
B: 와우, 정말 귀엽다.

A: 네 여동생 키 크니?
B: 응, 정말로 커. 하지만 조금 뚱뚱하지.

He's good at + 명사.

제 3자인 그 혹은 그녀가 무언가를 잘한다고 말하고 싶을 때 사용할 수 있는 패턴입니다. be good at은 "~를 잘하다"는 뜻의 숙어표현으로 외워둬야 합니다. 즉, '난 축구를 잘 해'는 I'm good at soccer.라고 말할 수 있는 거죠. 반대로 무언가를 형편없이 못한다고 말하고 싶다면 형용사 good 대신에 terrible을 넣어서 문장을 말할 수 있습니다.

 기본패턴 개념잡기

갠 수학을 잘 해.   **He's good at** math.

갠 농구를 잘 해.   **He's good at** basketball.

갠 요리를 잘 해.   **He's good at** cooking.

 확장패턴 개념잡기

He's terrible at ~.   갠 ~는 형편없어.

- 갠 운동은 형편없어.   He's terrible at sports.
- 갠 방향감각이 형편없어. He's terrible at directions.

패턴완성하기

아래 패턴 문장들을 mp3를 들으며 큰 소리로 따라 읽어보세요.

He's good at
걘 ~를 잘해

- fishing. 낚시
- everything. 모든 것
- video games. 비디오 게임

He's terrible at
걘 ~는 형편없어

- driving. 운전
- parking. 주차

REAL Situation

A: Is your boyfriend good at English?
B: No, he's not. But he's good at French.

A: Is your boyfriend good at dancing?
B: No, he's not. He's terrible at dancing.

A: 네 남자친구 영어 잘 하니?
B: 아니. 그렇지만 걔 프랑스어는 잘 해.

A: 네 남자친구 춤 잘 추니?
B: 아니. 걔 춤은 형편없어.

07 PATTERN 걘 ~에 대해 까다로워.

He's picky about + 명사.

형용사 picky는 사람의 성격을 묘사하는 단어로 '까다로운'이란 뜻으로 사용됩니다. 구체적으로 무언가에 대해서 까다로운지를 언급할 때는 about(~에 대해)과 함께 그 대상을 연결시켜주면 됩니다. 반대로 무언가를 마치 열성팬 인 듯 좋아할 때는 He's a big fan of ~. 패턴을 사용할 수 있습니다.

 기본패턴 개념잡기

걘 음식에 대해 까다로워.
He's picky about food.

걘 신발에 대해 까다로워.
He's picky about shoes.

걘 여자들에 대해 까다로워.
He's picky about girls.

 확장패턴 개념잡기

He's a big fan of ~. 걘 ~의 열성팬이야.

- 걘 한국음식 열성팬이야.
  He's a big fan of Korean food.
- 걘 Jay Lee의 열성팬이야.
  He's a big fan of Jay Lee.

 패턴완성하기

아래 패턴 문장들을 mp3를 들으며 큰 소리로 따라 읽어보세요.

He's picky about
걘 ~에 대해 까다로워

- brands.
  상품명
- some vegetables.
  몇몇 야채들
- everything.
  모든 것

He's a big fan of
걘 ~의 열성팬이야

- Korean culture.
  한국 문화
- horror movies.
  공포 영화

 **REAL Situation**

A: How about this for your father?
B: I don't know. He's picky about shirts.

A: Tell me about your boyfriend.
B: Well, he is a big fan of the New York Yankees.

A: 네 아버지에게 드릴 걸로 이건 어때?
B: 모르겠어. 아빠가 셔츠에 대해 까다로워서 말이야.

A: 네 남자친구에 대해서 내게 말해줘.
B: 음. 그는 뉴욕 양키즈의 열혈 팬이야.

08 PATTERN 갠 ~를 잘 다뤄.

She's handy with + 명사.

형용사 handy는 '능숙한, 솜씨 좋은'이란 뜻으로 사용됩니다. 구체적으로 무엇을 능숙하게 다루는지 말하고 싶다면 전치사 with와 함께 내용을 연결시켜 주면 되지요. 앞서 배웠던 be good at 이 더 넓은 범위에서 잘하는 무언가를 설명할 때 쓸 수 있는 패턴이라면 be handy with는 손을 사용해 잘할 수 있는 대상을 언급해준다는 차이점이 있습니다.

 기본패턴 개념잡기

갠 컴퓨터를 잘 다뤄.
She's handy with a computer.

갠 총을 잘 다뤄. **She's handy with** a gun.

갠 칼을 잘 다뤄. **She's handy with** a knife.

 확장패턴 개념잡기

She's allergic to ~. 갠 ~에 알레르기가 있어.

· 갠 커피에 알레르기가 있어.
  She's allergic to coffee.
· 갠 인도음식에 알레르기가 있어.
  She's allergic to Indian food.

 **패턴완성하기**

아래 패턴 문장들을 mp3를 들으며 큰 소리로 따라 읽어보세요.

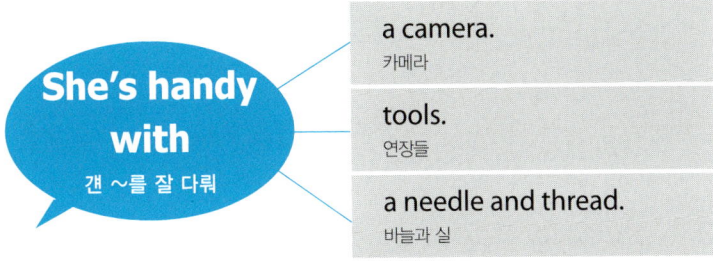

She's handy with
걘 ~를 잘 다뤄

- a camera. 카메라
- tools. 연장들
- a needle and thread. 바늘과 실

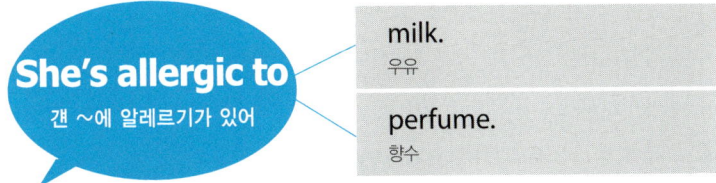

She's allergic to
걘 ~에 알레르기가 있어

- milk. 우유
- perfume. 향수

 **REAL Situation**

A: Something is wrong with this camera.
B: Ask Jane. She's handy with electronics.

A: He's allergic to peaches.
B: Really? That's too bad.

A: 이 카메라 뭔가 잘못 됐어.
B: 제인한테 물어봐. 걘 전자제품들 잘 다뤄.

A: 걘 복숭아에 알레르기가 있어.
B: 정말? 그거 참 안 됐다.

EXERCISE

배웠던 대화 내용을 영어로 다시 말할 수 있는지 확인해 보세요.

1. A: Here is a picture of my girlfriend.
   B: Wow, 정말 귀엽다. ▶ cute 귀여운
   A: Is your sister tall?
   B: Yes, 정말로 커 but she's a bit fat. ▶ tall 큰

2. A: Is your boyfriend good at English?
   B: No, he's not. But 걔 프랑스어는 잘 해. ▶ French 프랑스어
   A: Is your boyfriend good at dancing?
   B: No, he's not. 걔 춤은 형편없어. ▶ dancing 춤

3. A: How about this for your father?
   B: I don't know. 아빠가 셔츠에 대해 까다로워서 말이야.
      ▶ picky 까다로운
   A: Tell me about your boyfriend.
   B: Well, 그는 뉴욕 양키즈의 열혈 팬이야.
      ▶ New York Yankees 뉴욕 양키즈 〈야구〉

4. A: Something is wrong with this camera.
   B: Ask Jane. 걘 전자제품들 잘 다뤄. ▶ electronics 전자제품
   A: 걘 복숭아에 알레르기가 있어. ▶ peach 복숭아
   B: Really? That's too bad.

왕초보! 한 번 쯤은 영어로 꼭 해보고 싶었던 말
베스트 4!
패턴으로 해결한다!

UNIT 03

그거 너무 비싸.
It's too expensive.

그거 탁자 위에 있어.
It's on the table.

그거 상자 안에 있어.
It's in the box.

그거 책상 옆에 있었어.
It was next to the desk.

09 PATTERN 그거 너무 ~해.

It is too + 형용사.

It은 '그것'이란 뜻을 가집니다. 하나를 뜻하는 단수이므로 be 동사 is와 함께 쓰여서 It is a desk.(그것은 책상입니다)/ It is expensive.(그것은 비쌉니다) 같은 문장을 만들어 볼 수 있지요. It is는 줄여서 It's라고도 말할 수 있습니다. too는 '너무'란 뜻으로 뒤에 형용사를 수식해서 형용사의 의미를 강조해 주지요. 반면에 a little '좀, 다소'란 의미로 사용됩니다.

 기본패턴 개념잡기

그거 너무 비싸.	**It's too** expensive.
그거 너무 무거워.	**It's too** heavy.
그거 너무 못생겼어.	**It's too** ugly.

 확장패턴 개념잡기

It's a little + 형용사.   그거 좀 ~해.

- 그거 조금 작아.   It's a little small.
- 그거 좀 짧아.   It's a little short.

아래 패턴 문장들을 mp3를 들으며 큰 소리로 따라 읽어보세요.

It's too 그거 너무 ~해
- long. 긴
- colorful. 색깔이 화려한
- revealing. 옷이 드러나는

It's a little 그거 좀 ~해
- sweet. 단
- salty. 짠

REAL Situation

A: How is the steak?
B: It's too tough. I can't chew!

A: It's my bag. It's only 20 dollars.
B: Really? It's too cheap.

A: 스테이크 어때?
B: 너무 질겨. 씹을 수가 없어!

A: 이거 내 가방이야. 이거 20달러 밖에 안 해.
B: 정말? 너무 싸잖아.

10 PATTERN 그거 ~(위)에 있어.

It's on + 명사.

영어 왕 기초를 탈피하기 위해서 반드시 넘어야 할 관문이 있습니다. 바로 전치사를 정복하는 것이죠. 전치사의 여러 기능들 중 하나는 명사 앞에 붙어서 명사의 위치를 설명해주는 역할을 하는 겁니다. 전치사 중 on은 '~위에' 그리고 under는 '~아래에'란 뜻을 가집니다. 사물의 위치를 얘기할 때 It's ~를 활용해서 문장을 만들어 보세요.

 기본패턴 개념잡기

그거 탁자 위에 있어.	**It's on** the table.
그거 침대 위에 있어.	**It's on** the bed.
그거 벽에 있어.	**It's on** the wall.

 확장패턴 개념잡기

It's under ~. 그거 ~아래에 있어.

· 그거 침대 아래에 있어.   It's under the bed.
· 그거 신문 아래에 있어.   It's under the newspaper.

 **패턴완성하기**

아래 패턴 문장들을 mp3를 들으며 큰 소리로 따라 읽어보세요.

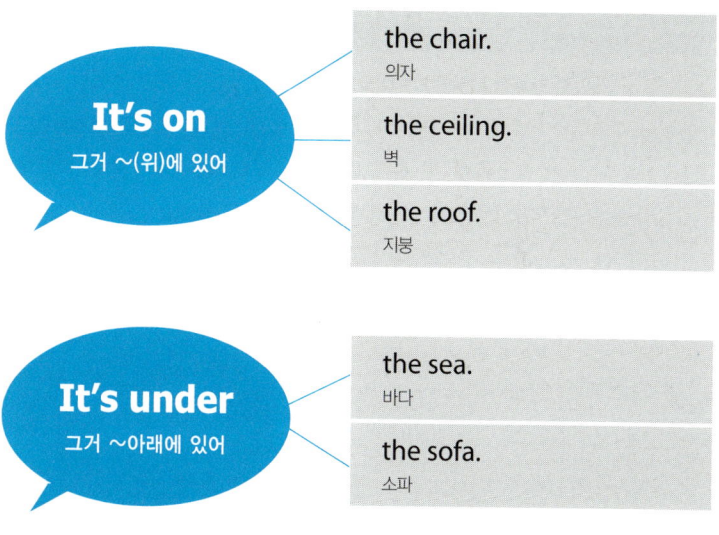

It's on
그거 ~(위)에 있어

the chair.
의자

the ceiling.
벽

the roof.
지붕

It's under
그거 ~아래에 있어

the sea.
바다

the sofa.
소파

 **REAL Situation**

A: Where is the remote control?
B: It's under the sofa.

A: I can't find my cell phone. Where is it?
B: It's on the television.

A: 리모컨 어디에 있지?
B: 그거 소파 아래에 있어.

A: 내 핸드폰을 찾을 수가 없네. 어디 있는 거지?
B: 그거 텔레비전 위에 있어.

그거 ~ 안에 있어.

It's in + 명사.

in은 '~안에'란 뜻을 가지고 있습니다. in a room (방 안에), in a kitchen (부엌 안에)처럼 어떤 공간 안에 들어 있음을 표현할 때 사용하는 전치사 이지요. 반면 in front of는 공간 내부와는 관계가 없고, '~의 앞에'란 뜻으로 사용되는 전치사입니다. in front of의 반대어는 behind라는 것도 같이 기억해 두세요!

 기본패턴 개념잡기

그거 상자 안에 있어.	**It's in** the box.
그거 내 가방 안에 있어.	**It's in** my bag.
그거 찬장 안에 있어.	**It's in** the cupboard.

 확장패턴 개념잡기

It's in front of + 명사. 그거 ~앞에 있어.

- 그거 우체국 앞에 있어.
  It's in front of the post office.
- 그거 은행 앞에 있어. It's in front of the bank.

 패턴완성하기

아래 패턴 문장들을 mp3를 들으며 큰 소리로 따라 읽어보세요.

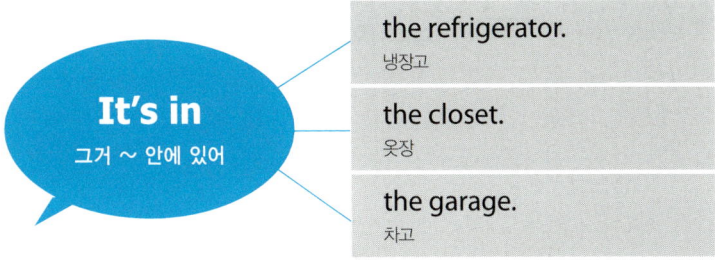

It's in
그거 ~ 안에 있어

the refrigerator.
냉장고

the closet.
옷장

the garage.
차고

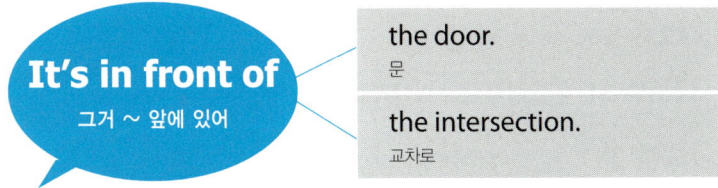

It's in front of
그거 ~ 앞에 있어

the door.
문

the intersection.
교차로

 **REAL Situation**

A: Is the car key on the table?
B: No, it's not. It's in my pocket.

A: Where is the supermarket? Is it in front of your house?
B: No, it's not. It's in front of the coffee shop.

A: 자동차 열쇠 탁자 위에 있니?
B: 아니, 내 주머니 안에 있어.

A: 슈퍼마켓이 어디 있지? 너희 집 앞에 있니?
B: 아니, 커피숍 앞에 있어.

12 PATTERN 그거 ~ 옆에 있었어.

It was next to + 명사.

전치사 next to 는 '~옆에'란 뜻을 가지고 있습니다. beside역시 거의 비슷한 의미를 가지고 있으므로 함께 기억해 두면 좋습니다. 이 외, between A and B 는 'A와 B 사이에'란 뜻으로 쓰이는 덩어리니 통으로 암기해 두시기 바랍니다.

 기본패턴 개념잡기

그거 책상 옆에 있었어.
It was next to the desk.

그거 엄마 옆에 있었어.
It was next to my mother.

그거 부엌 옆에 있었어.
It was next to the kitchen.

 확장패턴 개념잡기

It was between ~. 그건 ~ 사이에 있었어.

· 그건 나와 잭 사이에 있었어.
  It was between me and Jack.
· 그건 철로 사이에 있었어.
  It was between the rails.

패턴완성하기

아래 패턴 문장들을 mp3를 들으며 큰 소리로 따라 읽어보세요.

It was next to
그거 ~ 옆에 있었어

my bag.
내 가방

the window.
창문

the entrance door.
출입구

It was between
그건 ~ 사이에 있었어

the sofa and the television.
소파와 텔레비전

the book and the bin.
책과 쓰레기통

REAL Situation

A: Where was my lipstick?
B: It was next to your cell phone.

A: Where was my wallet?
B: It was between the piano and the TV.

A: 내 립스틱 어디 있었어?
B: 그거 네 휴대폰 옆에 있었어.

A: 내 지갑 어디 있었어?
B: 그거 피아노와 TV 사이에 있었어.

EXERCISE

배웠던 대화 내용을 영어로 다시 말할 수 있는지 확인해 보세요.

1. A: How is the steak?
   B: 너무 질겨. I can't chew! ▶ tough 질긴
   A: I bought this bag for 20 dollars.
   B: Really? 너무 싸잖아. ▶ cheap 싼

2. A: Where is the remote control?
   B: 그거 소파 아래에 있어. ▶ sofa 소파
   A: I can't find my cell phone. Where is it?
   B: 그거 텔레비전 위에 있어. ▶ television 텔레비전

3. A: Is the car key on the table?
   B: No, it's not. 내 주머니 안에 있어. ▶ pocket 주머니
   A: Where is the supermarket? Is it in front of your house?
   B: No, it's not. 커피 숍 앞에 있어. ▶ coffee shop 커피숍

4. A: Where was my lipstick?
   B: 그거 네 휴대폰 옆에 있었어. ▶ cell phone 휴대폰
   A: Where was my wallet?
   B: 그거 피아노와 TV 사이에 있었어. ▶ piano 피아노

왕초보! 한 번 쯤은 영어로 꼭 해보고 싶었던 말
**베스트 4!
패턴으로 해결한다!**

UNIT 04

이분이 우리 엄마야.
This is my mother.

저건 코끼리야.
That is an elephant.

얘들이 내 아이들이야.
These are my children.

쟤들 네 친구들이니?
Are those your friends?

13 PATTERN 이것은 [이 분은] ~야.

This is ~.

This는 '이것'이란 기본 뜻을 가지고 있습니다. 보통 가까운 거리에 있는 사물을 가리킬 때 쓰이는 단어지요. 또는 상대방에게 누군가를 소개할 때 '이 분, 이 사람'이란 의미로도 this를 사용할 수 있습니다. 그 외에도 전화통화 시 자신이 누구인지 밝힐 때도 This is 패턴을 사용해서 말합니다.

기본패턴 개념잡기

이것은 책이야. **This is** a book.

이것은 탐의 공책이야. **This is** Tom's notebook.

이 분은 우리 엄마야. **This is** my mother.

확장패턴 개념잡기

This is not ~. 이것은 [이 분은] ~가 아니야.

- 이것은 내 카메라가 아니야. This is not my camera.
- 이 아이는 내 아들이 아니야. This is not my son.

 **패턴완성하기**

아래 패턴 문장들을 mp3를 들으며 큰 소리로 따라 읽어보세요.

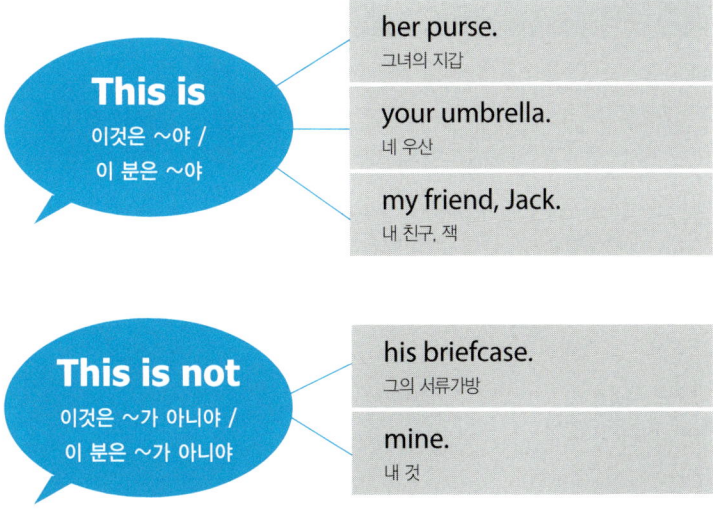

This is
이것은 ~야 /
이 분은 ~야

her purse.
그녀의 지갑

your umbrella.
네 우산

my friend, Jack.
내 친구, 잭

This is not
이것은 ~가 아니야 /
이 분은 ~가 아니야

his briefcase.
그의 서류가방

mine.
내 것

 **REAL Situation**

A: This is not my bag. This is yours. What's in it?
B: Well, nothing special.

A: Hello, Mary. This is Jay.
B: Hey, Jay. What's up?

A: 이건 내 가방이 아니야. 이거 네 거야. 안에 뭐 들었어?
B: 뭐, 특별한 건 없어.

A: 여보세요, 메리. 나야 제이.
B: 아, 제이. 무슨 일이야?

14 PATTERN 저것은 [저분은] ~야.

That is ~.

That은 '저것'이란 기본 뜻을 가지고 있습니다. 다소 떨어진 거리에 있는 사물을 가리키거나 혹은 누군가가 말한 내용이나 발생한 상황을 언급할 때 쓰이기도 하지요. 또는 약간 멀리있는 사람을 가리켜 '저 사람은, 쟤는'이란 뜻으로도 that을 사용할 수 있습니다. That is는 줄여서 'That's'라고 말할 수 있습니다.

 기본패턴 개념잡기

저건 코끼리야.	**That is** an elephant.
그거 좋은 생각이야.	**That is** a good idea.
저 애는 제니의 아들이야.	**That is** Jenny's son.

 확장패턴 개념잡기

That is not ~. 저것은 [저분은] ~가 아니야.

- 저건 갈매기가 아니야.   That is not a seagull.
- 저건 내 티켓이 아니야.   That is not my ticket.

 패턴완성하기

아래 패턴 문장들을 mp3를 들으며 큰 소리로 따라 읽어보세요.

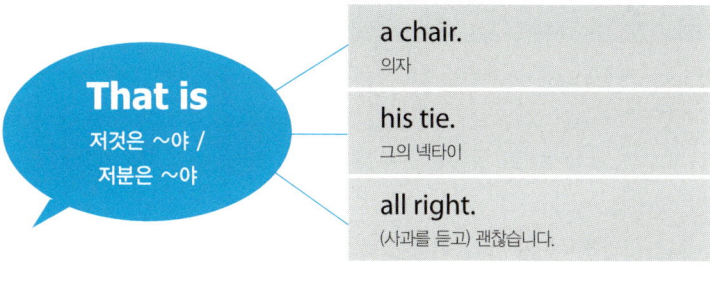

That is
저것은 ~야 / 저분은 ~야

- a chair.
  의자
- his tie.
  그의 넥타이
- all right.
  (사과를 듣고) 괜찮습니다.

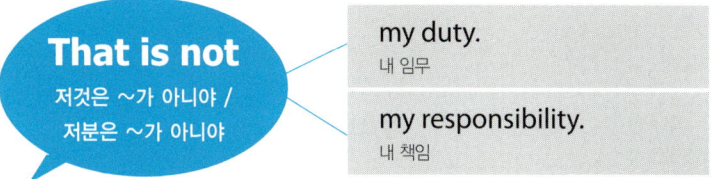

That is not
저것은 ~가 아니야 / 저분은 ~가 아니야

- my duty.
  내 임무
- my responsibility.
  내 책임

REAL Situation

A: That is Tom's house, right?
B: No, that's not true. That is Jim's house.

A: Is that Mario?
B: No, that's Kevin.

A: 저건 탐의 집이야. 그렇지?
B: 아니, 그렇지 않아. 저건 짐의 집이야.

A: 쟤 마리오니?
B: 아냐, 쟤는 케빈이야.

15 PATTERN 이것들은 [이분들은] ~야.

These are ~.

These는 this의 복수형으로 '이것들' 혹은 사람을 가리켜 '이분들'이란 뜻을 가지고 있습니다. 이때는 '~이다'란 뜻을 가진 동사로 is가 아닌 are를 위치시켜서 These are 패턴으로 말을 할 수 있습니다. 우리말 해석상 '이것'이라 할지라도 가리키는 대상이 연결된 짝을 이루는 glasses(안경), earrings(귀걸이) 등일 때도 역시 These를 사용해야 합니다.

 기본패턴 개념잡기

이것들은 개미들이야.   **These are** ants.

이건 젓가락이야.   **These are** chopsticks.

이 애들이 내 아이들이야.

　　　These are my children.

 확장패턴 개념잡기

These are not ~.　이것들은 [이분들은] ~가 아니야.

· 이것들은 큰 새가 아니야.
　These are not big birds.
· 얘들은 내 강아지들이 아니야.
　These are not my dogs.

 **패턴완성하기**

아래 패턴 문장들을 mp3를 들으며 큰 소리로 따라 읽어보세요.

These are
이것들은 ~야 /
이분들은 ~야

- bathrooms.
  화장실들
- socks for you.
  널 위한 양말
- my pants.
  내 바지

These are not
이것들은~가 아니야 /
이분들은~가 아니야

- for sale.
  판매를 위한
- on sale.
  할인 중인

 **REAL Situation**

A: I'm looking for a washing machine.
B: This way, please. These are our best selling models.

A: Happy birthday, Mary! Here, these are for you.
B: Wow, thank you. I love flowers!

A: 세탁기를 찾고 있어요.
B: 이쪽으로 오세요. 이것들이 가장 잘 팔리는 모델들입니다.

A: 생일 축하해, 메리! 자, 이것들 널 위한 거야.
B: 와, 고마워. 나 꽃 완전 좋아해.

16 저것들은 [저분들은] ~니?

PATTERN

Are those ~?

Those는 that의 복수형으로 '저것들' 혹은 여러 명의 사람을 가리켜 '저분들'이란 뜻을 가지고 있습니다. '~이다'란 뜻을 가진 be동사 are는 주어가 복수일 때 함께 쓰이며 의문문을 말할 때는 주어 앞에 위치하기 때문에 Are those ~? 라고 질문을 던질 수 있지요. those 대신에 '그것들, 그 사람들'이란 뜻을 가진 they를 사용해도 무방합니다.

 기본패턴 개념잡기

재들 네 친구들이니? **Are those** your friends?

저것들은 배야? **Are those** ships?

그것들은 네 지갑에 있니?
Are they in your pocket?

 확장패턴 개념잡기

Aren't those your ~? 저것들 [저분들] 네 ~이지 않니?

· 저것들 네 신발이지 않니?
Aren't those your shoes?
· 저분들 네 부모님들이시지 않니?
Aren't they your parents?

 **패턴완성하기**

아래 패턴 문장들을 mp3를 들으며 큰 소리로 따라 읽어보세요.

Are those
저것들은 [저분들은] ~니?

- ships? 배들
- cockroaches? 바퀴벌레들
- your friends? 네 친구들

Aren't those your
저것들 [저분들] 네 ~이지 않니?

- colleagues? 동료들
- coins? 동전들

 **REAL Situation**

A: What are those? Are those UFOs?

B: Those are not UFOs. They are just birds.

A: Aren't those your sisters?

B: Where? Oh, they are not my sisters. They are Tom's sisters.

A: 저것들은 뭐야? 저것들 UFO야?
B: 저것들은 UFO가 아니야. 저것들은 그냥 새야.

A: 쟤들 네 여동생들이지 않니?
B: 어디? 아, 내 여동생들 아냐. 쟤들은 탐의 여동생들이야.

55

EXERCISE
배웠던 대화 내용을 영어로 다시 말할 수 있는지 확인해 보세요.

1 A: 이건 내 가방이 아니야. 이거 네 거야. **What's in it?** ▶ bag 가방
   B: **Well, nothing special.**
   A: **Hello, Mary.** 나야 제이.
   B: **Hey, Jay. What's up?**

2 A: 저건 탐의 집이야, **right?** ▶ house 집
   B: **No,** 그렇지 않아. 저건 짐의 집이야.
   A: **Is that Mario?**
   B: **No,** 쟤는 케빈이야.

3 A: **I'm looking for a washing machine.**
   B: **This way, please.** 이것들이 가장 잘 팔리는 모델들입니다.
      ▶ model 모델
   A: **Happy birthday, Mary! Here,** 이것들 널 위한 거야.
   B: **Wow, thank you. I love flowers!**

4 A: **What are those?** 저것들 UFO야? ▶ UFO 미확인 비행물체
   B: **They are not UFOs. They are just birds.**
   A: 쟤들 네 여동생들이지 않니? ▶ sister 여동생
   B: **Where? Oh, they are not my sisters. They are Tom's sisters.**

왕초보! 한 번 쯤은 영어로 꼭 해보고 싶었던 말
**베스트 4!
패턴으로 해결한다!**

UNIT 05

부엌에 탁자가 있어.
There is a table in the kitchen.

우리 가족은 4명으로 구성되어 있어.
There are four people in my family.

이 근처에 ATM이 있니?
Is there an ATM near here?

집보다 좋은 건 없어.
There's nothing like home.

17
PATTERN
~가 있어.

There is + 단수명사.

무언가가 '있다, 존재 한다'라는 말을 전할 때 사용할 수 있는 패턴입니다. is 뒤에는 반드시 단수명사가 온다는 문법적 특징이 있지요. 반면에 '~가 없다'라는 부정의 의미를 전달하고 싶다면 There is no ~ 패턴을 사용해서 말할 수 있습니다.

 기본패턴 개념잡기

침대가 있어.
There is a bed.

부엌에 탁자가 있어.
There is a table in the kitchen.

거리에 개가 한 마리 있어.
There is a dog on the street.

 확장패턴 개념잡기

There is no ~. ~가 없어.

• 거실에 거울이 없어.
  There is no mirror in the living room.
• 부엌에 오븐이 없어.
  There is no oven in the kitchen.

 **패턴완성하기**

아래 패턴 문장들을 mp3를 들으며 큰 소리로 따라 읽어보세요.

There is
~가 있어

- a big kitchen.
  큰 부엌
- a refrigerator in the kitchen.
  부엌에 냉장고
- a garage outside.
  밖에 차고

There is no
~가 없어

- lamp.
  전등
- sofa in the living room.
  거실에 소파

 **REAL Situation**

A: Honey, is there a suitcase at home?
B: Yes, there's a blue suitcase in the closet.

A: Is there a television in your room?
B: No, there's no TV in my room, but there is a computer.

A: 자기야, 집에 서류가방 있어?
B: 응, 옷장 안에 파란색 서류가방이 하나 있어.

A: 네 방에 텔레비전 있니?
B: 아니, 내 방에 TV는 없어. 하지만 컴퓨터는 있어.

18 PATTERN ~가 있어.

There are + 복수명사.

복수의 사물, 또는 사람이 존재한다는 말을 전할 때 사용할 수 있는 패턴입니다. are 뒤에는 반드시 복수명사가 온다는 문법적 특징이 있지요. be 동사의 부정형은 not을 붙이기 때문에 '충분한 ~가 없다'는 말은 'There are not enough + 복수명사' 패턴으로 말할 수 있습니다.

 기본패턴 개념잡기

고양이들이 있어.
There are cats.

많은 오래된 집들이 있어.
There are many old houses.

우리 가족은 4명으로 구성되어 있어.
There are four people in my family.

 확장패턴 개념잡기

There are not enough ~. ~가 충분치 않아.

· 사람들이 충분치 않아.
There are not enough people.

· 선생님들이 충분치 않아.
There are not enough teachers.

 **패턴완성하기**

아래 패턴 문장들을 mp3를 들으며 큰 소리로 따라 읽어보세요.

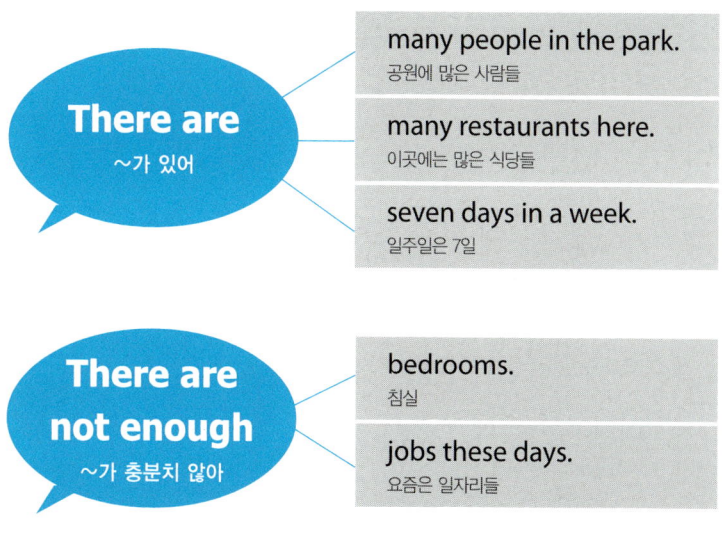

There are
~가 있어

many people in the park.
공원에 많은 사람들

many restaurants here.
이곳에는 많은 식당들

seven days in a week.
일주일은 7일

There are not enough
~가 충분치 않아

bedrooms.
침실

jobs these days.
요즘은 일자리들

 **REAL Situation**

A: Let's go for a drink!
B: All right! There are many pubs here.
A: There are not enough toilets in this building.
B: But I have to pee now.

A: 술 한 잔 하러 가자!
B: 좋지! 여긴 술집이 많이 있다고.

A: 이 건물엔 화장실이 충분치가 않아.
B: 하지만 나 지금 소변봐야 해!

PATTERN 19 ~가 있니?

Is there + 단수명사?

어떤 존재가 있는지 여부를 물어볼 때 사용할 수 있는 패턴입니다. 단수명사의 존재를 물어볼 때는 Is there ~? 패턴으로 묻고, 복수명사의 존재를 물어볼 때는 Are there ~? 패턴으로 질문을 던지면 되지요. any(혹시), enough(충분한) 등과 같은 어구가 함께 사용 될 수 있습니다.

기본패턴 개념잡기

호텔이 있니? **Is there** a hotel?

이 근처에 ATM이 있니?
  Is there an ATM near here?

충분한 물이 있니? **Is there** enough water?

확장패턴 개념잡기

Are there any + 복수명사? 혹시 ~가 있니?

• 혹시 무슨 문제라도 있니?
  Are there any problems?
• 혹시 나에게 온 편지들이 있니?
  Are there any letters for me?

 **패턴완성하기**

아래 패턴 문장들을 mp3를 들으며 큰 소리로 따라 읽어보세요.

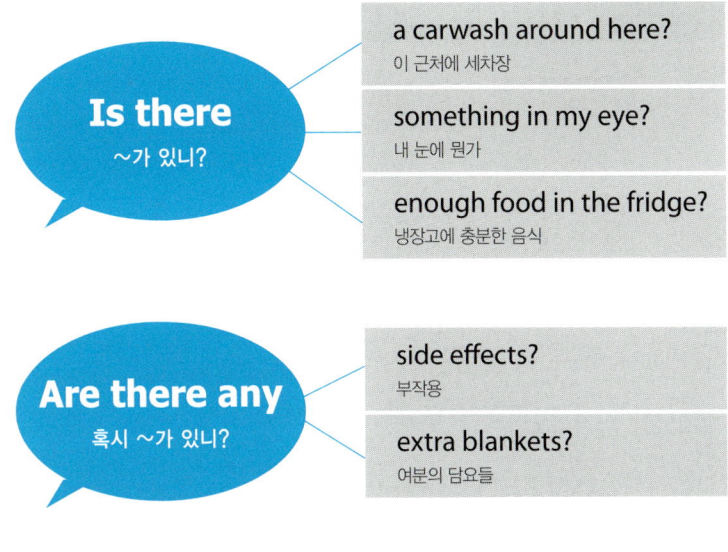

💬 REAL Situation

A: Is there a post office near here?

B: Yes, there is. Just go down this road.

A: Are there any questions?

B: No. Can we go home now?

A: 이 근처에 우체국 있나요?
B: 네, 있어요. 이 길로 그냥 내려가세요.
A: 혹시 질문들 있나요?
B: 아뇨, 이제 우리 집에 가도 되나요?

I'm Your Book

20 PATTERN ~보다 좋은 건 없어.

There's nothing like ~.

There's nothing은 말 그대로 '아무것도 없다'란 뜻을 전달합니다. like는 전치사로 '~와 같은'이란 의미이므로 There's nothing like A는 'A 같은 건 아무것도 없다' 즉, A만한 건 없다는 긍정적 뉘앙스를 전달하고자 할 때 사용할 수 있는 패턴입니다.

 기본패턴 개념잡기

집보다 좋은 건 없어.
There's nothing like home.

한국 소주보다 좋은 건 없어.
There's nothing like Korean soju.

오래된 친구보다 좋은 건 없어.
There's nothing like old friends.

 확장패턴 개념잡기

There's no such thing as ~. ~같은 건 없어.

• 공짜같은 건 없어.
 There's no such thing as a free lunch.
• 외계인 같은 건 없어.
 There's no such thing as an alien.

패턴완성하기

아래 패턴 문장들을 mp3를 들으며 큰 소리로 따라 읽어보세요.

There's nothing like
~보다 좋은 건 없어

- cold ice cream.
  차가운 아이스크림
- a true friend.
  진정한 친구
- a new car.
  새 차

There's no such thing as
~같은 건 없어

- a good politician.
  좋은 정치인
- ethics in Korea.
  한국에 도덕

REAL Situation

A: There's nothing like a warm bath.

B: I totally agree with you. Especially at night.

A: There's no such thing as a dumb question.

B: You're right. Any question is a good question.

A: 따뜻한 물에 목욕하는 것 보다 좋은 건 없어.
B: 완전 동감해. 특히 밤에 말이지.

A: 멍청한 질문 같은 건 없어.
B: 네 말이 맞아. 어떤 질문도 좋은 질문이야.

EXERCISE

배웠던 대화 내용을 영어로 다시 말할 수 있는지 확인해 보세요.

1 A: Honey, Is there a suitcase at home?
B: Yes, 옷장 안에 파란색 서류가방이 하나 있어. ▶ closet 옷장
A: Is there a television in your room?
B: No, 내 방에 TV는 없어. 하지만 컴퓨터는 있어. ▶ computer 컴퓨터

2 A: Let's go for a drink!
B: All right! 여긴 술집이 많이 있다고. ▶ pub 술집
A: 이 건물엔 화장실이 충분치가 않아. ▶ toilet 화장실
B: But I have to pee now.

3 A: 이 근처에 우체국 있나요? ▶ post office 우체국
B: Yes, there is. Just go down this road.
A: 혹시 질문들 있나요? ▶ question 질문
B: No. Can we go home now?

4 A: 따뜻한 물에 목욕하는 것 보다 좋은 건 없어. ▶ bath 목욕
B: I totally agree with you. Especially at night.
A: 멍청한 질문 같은 건 없어. ▶ dumb 멍청한
B: You're right. Any question is a good question.

왕초보! 한 번 쯤은 영어로 꼭 해보고 싶었던 말
베스트 4!
패턴으로 해결한다!

UNIT 06

나 네 셔츠가 맘에 들어.
I like your shirt.

나 집에서 TV 봤어.
I watched TV at home.

너 굉장히 행복해 보여.
You look so happy.

내가 말이 너무 많니?
Do I talk too much?

21 PATTERN

I + 일반동사 ~.

like(좋아하다), live(살다), work(일하다) 등은 동작이나 상태를 나타내는 일반 동사입니다. 주어가 I, you 등의 1, 2인칭인 경우 일반 동사의 원형을 그대로 주어 뒤에 붙여서 [주어 + 일반동사]의 어순으로 말하면 되지요. 일반 동사의 원형은 현재시제를 나타내며 부정형은 do not 또는 줄여서 don't를 사용합니다.

 기본패턴 개념잡기

난 매일 아침 조깅해. **I jog** every morning.
나 네 셔츠가 마음에 들어. **I like** your shirt.
나 네 조언이 필요해. **I need** your help.

 확장패턴 개념잡기

I don't + 일반동사 ~. 난 ~ 안 해요.

- 전 집에서 요리 안 해요. I don't cook at home.
- 전 소주 안 마셔요. I don't drink soju.

아래 패턴 문장들을 mp3를 들으며 큰 소리로 따라 읽어보세요.

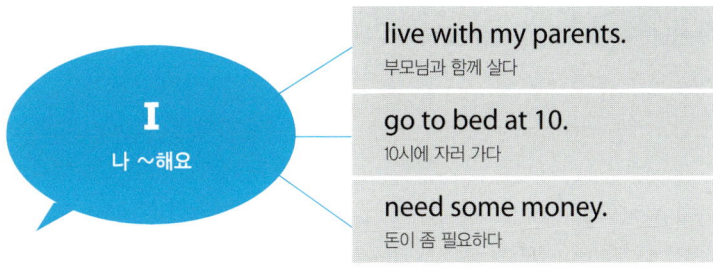

I
나 ~해요

live with my parents.
부모님과 함께 살다

go to bed at 10.
10시에 자러 가다

need some money.
돈이 좀 필요하다

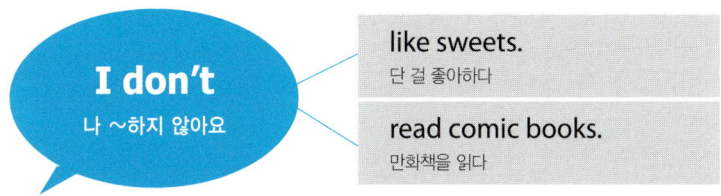

I don't
나 ~하지 않아요

like sweets.
단 걸 좋아하다

read comic books.
만화책을 읽다

REAL Situation

A: I work at a bank, and I eat lunch with my coworkers.

B: I work at home, so I eat lunch with my wife.

A: I don't wake up early. I wake up at 10 every morning.

B: Really? You're very lazy.

A: 난 은행에서 근무해. 그리고 동료들과 점심을 먹지.
B: 난 집에서 근무해. 그래서 난 와이프와 점심을 먹어.

A: 난 일찍 일어나지 않아. 난 매일 아침 10시에 일어나지.
B: 정말? 너 엄청 게으르구나.

22 PATTERN 나 ~했어요.

I + 일반동사 과거형(-ed) ~.

대부분의 일반동사 과거형은 동사의 원형 뒤에 -ed를 붙여주면 됩니다. 예를 들어, like(좋아하다) - liked(좋아했다), live(살다) - lived(살았다), study(공부하다) - studied(공부했다), stop(멈추다) - stopped(멈췄다)처럼 말이죠. 주어의 인칭에 관계없이 [주어 + 과거동사]의 어순으로 과거의 특정시점에 있었던 상황을 설명할 수 있습니다. 부정형은 did not 또는 줄여서 didn't를 사용하면 됩니다.

기본패턴 개념잡기

나 집에서 TV 봤어. **I watched** TV at home.

난 널 믿었어. **I trusted** you.

나 그 책을 떨어트렸어. **I dropped** the book.

확장패턴 개념잡기

I didn't ~. 나 ~ 안 했어.

- 나 네게 거짓말 안 했어. I didn't lie to you.
- 나 그 일 안 끝냈어. I didn't finish the work.

패턴완성하기

아래 패턴 문장들을 mp3를 들으며 큰 소리로 따라 읽어보세요.

I (나 ~했어요)
- enjoyed the movie.
  그 영화를 즐겼다
- cleaned my room yesterday.
  어제 내 방을 청소했다
- finished the project on time.
  제 시간에 프로젝트를 끝냈다

I didn't (나 ~ 안 했어)
- go to the bank.
  은행에 가다
- take a shower.
  샤워를 하다

REAL Situation

A: I watched a DVD yesterday. I watched "The Ring".

B: Oh, I watched it last year, but I didn't like it.

A: I moved to another apartment last week.

B: Really? I didn't know that.

A: 나 어제 DVD를 봤어. The Ring을 봤지.
B: 오, 나 그거 작년에 봤어. 그런데 난 그거 별로였어.

A: 나 지난주에 다른 아파트로 이사했어.
B: 정말? 난 몰랐어.

PATTERN 23 너 ~해 보여.

You look + 형용사.

look은 '보다'란 뜻도 있지만, '~한 상태로 보이다'란 뜻도 가지고 있습니다. 이때는 look 뒤에 상태를 설명해 주는 형용사가 위치해야 하지요. 즉, '슬퍼 보여.'라고 말하고 싶다면 영어로 You look sad.라고 말하면 됩니다. feel 역시 '~하게 느껴지다'란 뜻으로 쓰일 때는 뒤에 형용사가 위치해야 합니다.

 기본패턴 개념잡기

너 오늘 활기차 보여.
You look energetic today.

너 오늘 잘생겨 보여.
You look handsome today.

너 굉장히 행복해 보여.
You look so happy.

 확장패턴 개념잡기

| **I feel** + 형용사.　나 ~한 기분이 들어. |

- 나 안도된 기분이 들어.　　I feel relieved.
- 나 어지러운 기분이 들어.　　I feel dizzy.

패턴완성하기

아래 패턴 문장들을 mp3를 들으며 큰 소리로 따라 읽어보세요.

You look 너 ~해 보여
- blue. 우울한
- worried. 근심스러운
- so tired. 너무 피곤한

I feel 나 기분이 ~해
- uncomfortable. 불편한
- chilly. 으스스한

REAL Situation

A: Do I know you? You look familiar to me.

B: You, too. Oh, We went to the same high school.

A: Can you close the window? I feel cold.

B: No problem.

A: 혹시 나 아니? 너 낯이 익어.
B: 나도 그러네. 아, 우리 같은 학교 다녔잖아.

B: 창문 좀 닫아 줄래? 추운 기분이 드네.
B: 그래, 닫아줄게.

24 PATTERN 내가 ~하나?

Do I + 일반동사 ~?

일반 동사가 들어간 문장의 의문문은 주어의 인칭에 따라서 주어 앞에 Do 또는 Does를 붙여서 말하면 됩니다. 물론 과거 시제일 때는 주어 앞에 인칭에 관계없이 Did를 붙여서 문장을 만들면 되지요. Do I ~? / Do you ~? / Does he ~? / Do they ~? 와 같은 질문 패턴들을 많이 연습해 두어야 합니다.

 기본패턴 개념잡기

내가 말이 너무 많나요? **Do I** talk too much?

내가 노래를 잘 하나요? **Do I** sing well?

내가 잘 생겨보이나요? **Do I** look handsome?

 확장패턴 개념잡기

Did I ~? 내가 ~했어?

- 내가 실수 했어? Did I make a mistake?
- 내가 널 놀라게 했어? Did I surprise you?

패턴완성하기

아래 패턴 문장들을 mp3를 들으며 큰 소리로 따라 읽어보세요.

Do I 내가 ~하니?
- speak English well? 영어를 잘 하다
- walk fast? 빨리 걷다
- look ugly? 못생겨보이다

Did I 내가 ~했어?
- say something wrong? 뭔가 잘못 말을 하다
- overreact? 과민반응 하다

REAL Situation

A: Do I smell bad?
B: Well, just a little.

A: Did I make the right decision?
B: I hope so.

A: 내가 안 좋은 냄새가 나니?
B: 음, 조금.
A: 나 올바른 결정을 한 거니?
B: 그러길 바래.

EXERCISE

배웠던 대화 내용을 영어로 다시 말할 수 있는지 확인해 보세요.

1 A: I work at a bank, and I eat lunch with my coworkers.
B: 난 집에서 근무해, so 난 와이프와 점심을 먹어. ▶ wife 와이프
A: 난 일찍 일어나지 않아. 난 매일 아침 10시에 일어나지.
▶ wake up 일어나다
B: Really? You're very lazy.

2 A: I watched a DVD yesterday. I watched "The Ring".
B: Oh, 나 그거 작년에 봤어 but 난 그거 별로였어. ▶ watch 보다
A: 나 지난주에 다른 아파트로 이사했어. ▶ apartment 아파트
B: Really? I didn't know that.

3 A: Do I know you? 너 낯이 익어. ▶ familiar 익숙한
B: You, too. Oh, We went to the same high school.
A: Can you close the window? 추운 기분이 드네. ▶ cold 추운
B: No problem.

4 A: 내가 안 좋은 냄새가 나니? ▶ smell 냄새
B: Well, just a little.
A: 나 올바른 결정을 한 거니? ▶ decision 결정
B: I hope so.

76 UNIT 06

왕초보! 한 번 쯤은 영어로 꼭 해보고 싶었던 말
**베스트 4!
패턴으로 해결한다!**

UNIT 07

그는 매일 야근 해.
He works late every day.

그녀는 밤 새 울었어.
She cried all night.

그는 안경 쓰니?
Does he wear glasses?

그거 효과가 있니?
Does it work?

PATTERN 25 그는 ~해.

He + 일반동사(e)s ~.

like(좋아하다), live(살다), work(일하다) 등은 동작이나 상태를 나타내는 일반 동사라고 합니다. 주어가 He, She, It 등의 3인칭 단수일 경우, 일반 동사의 뒤에 -(e)s를 붙여줘야 합니다. 부정형은 does not 또는 doesn't를 사용하면 됩니다.

 기본패턴 개념잡기

그는 매일 야근 해. **He works** late every day.

그는 수학을 가르쳐. **He teaches** math.

그는 안경을 써. **He wears** glasses.

 확장패턴 개념잡기

She doesn't + 동사 원형 ~. 그녀는 ~하지 않아.

- 그녀는 진실을 알지 않아.
  She doesn't know the truth.
- 그녀는 날 좋아하지 않아. She doesn't like me.

패턴완성하기

아래 패턴 문장들을 mp3를 들으며 큰 소리로 따라 읽어보세요.

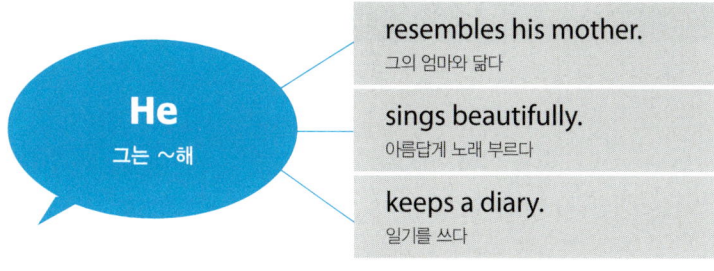

He 그는 ~해

- resembles his mother.
  그의 엄마와 닮다
- sings beautifully.
  아름답게 노래 부르다
- keeps a diary.
  일기를 쓰다

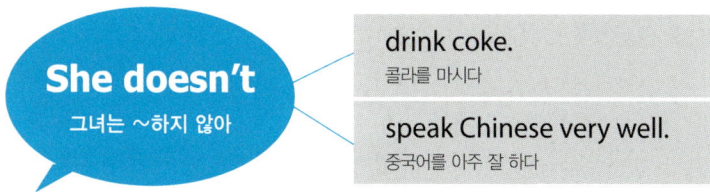

She doesn't 그녀는 ~하지 않아

- drink coke.
  콜라를 마시다
- speak Chinese very well.
  중국어를 아주 잘 하다

REAL Situation

A: Do you have a boyfriend?

B: Yes, I do. He looks very handsome.

A: Does she have a car?

B: Well, she doesn't have a car, but she has a motorbike.

A: 너 남자친구 있니?
B: 응, 있어. 그는 아주 잘 생겼어.

A: 그녀는 차가 있니?
B: 음, 그녀는 차가 없어. 하지만 오토바이가 있지.

PATTERN 26 그녀는 ~했어.

She + 일반동사 과거형(-ed) ~.

대부분의 일반 동사의 과거형은 동사의 원형 뒤에 -ed를 붙여주면 됩니다. 하지만 불규칙형 동사들은 -ed가 아니라 독립적인 형태의 과거형을 가집니다. 예를 들어, 동사 get의 과거형은 got, make의 과거형은 made, 그리고 do의 과거형은 did가 되는 것 처럼 말이죠.

 기본패턴 개념잡기

그녀는 아래층으로 내려갔어.
She walked downstairs.

그녀는 머리를 잘랐어. **She got** a haircut.

그녀는 일을 잘 했어. **She did** a good job.

 확장패턴 개념잡기

She didn't + 동사 원형 ~.   그녀는 ~안 했어.

- 그녀는 날 용서 안 했어.
  She didn't forgive me.
- 그녀는 부산으로 이사 안 했어.
  She didn't move to Busan.

 **패턴완성하기**

아래 패턴 문장들을 mp3를 들으며 큰 소리로 따라 읽어보세요.

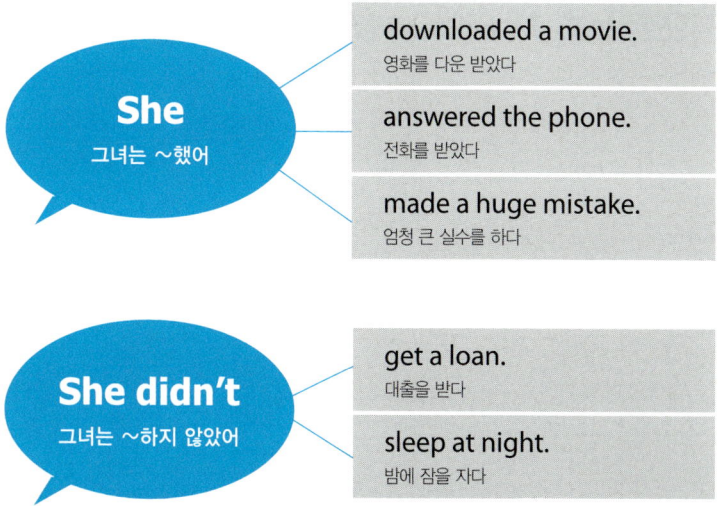

She 그녀는 ~했어
- downloaded a movie. 영화를 다운 받았다
- answered the phone. 전화를 받았다
- made a huge mistake. 엄청 큰 실수를 하다

She didn't 그녀는 ~하지 않았어
- get a loan. 대출을 받다
- sleep at night. 밤에 잠을 자다

 **REAL Situation**

A: Did you and Jane have fun at the concert?
B: She enjoyed it a lot, but I didn't enjoy it at all.
A: Did Jane call in sick? She didn't come to work today.
B: Really? I didn't know.

A: 너랑 제인이랑 콘서트에서 재밌게 보냈어?
B: 걘 많이 즐겼어. 근데 난 전혀 즐기지 못했어.

A: 제인 병가 냈어? 그녀 오늘 출근 안 했어.
B: 정말? 난 몰랐어.

PATTERN 27 그는 ~하니?

Does he ~?

주어가 3인칭 단수(he, she, it 등)인 일반동사 현재시제 의문문을 만들 때는 앞에 Does를 붙여줍니다. 예를 들어, Does he ~? / Does she ~? / Does it ~?처럼 말이죠. 그리고 주어 뒤는 다시 -(e)s형태가 아닌 동사원형이 와야 합니다. 과거시제인 경우엔 주어의 인칭이나 수에 관계없이 Did ~?로 묻습니다.

 기본패턴 개념잡기

그는 안경 쓰니?	**Does he** wear glasses?
그는 수염 있니?	**Does he** have a beard?
그는 마늘 먹니?	**Does he** eat garlic?

 확장패턴 개념잡기

Did she ~?   그녀는 ~했니?

- 그녀는 졸업했니?   Did she graduate?
- 그녀는 네 결혼식에 왔니?
  Did she come to your wedding?

82 UNIT 07

패턴완성하기

아래 패턴 문장들을 mp3를 들으며 큰 소리로 따라 읽어보세요.

Does he 그는 ~하니?
- have sisters? 여동생이 있다
- like Korean food? 한국음식을 좋아하다
- enjoy K-pop? K-pop을 즐기다

Did she 그녀는 ~했니?
- tell a lie? 거짓말을 하다
- write a letter to you? 너에게 편지를 쓰다

REAL Situation

A: You have a son, right? Does he study hard?
B: Of course, he does. Like father, like son.

A: Jane got into a car accident yesterday.
B: Oh, no. Did she get hurt badly?

A: 너 아들 있잖아. 맞지? 걔 공부 열심히 하니?
B: 물론이지. 부전자전이잖아.

A: 제인이 어제 차 사고가 났어.
B: 어머, 저런. 걔 심하게 다쳤니?

I'm Your Book

PATTERN 28 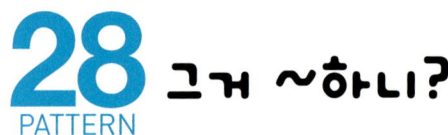 그거 ~하니?

Does it ~?

Does it ~?은 어떤 사물에 대해서 그것이 어떠한지 질문을 던질 때 유용하게 사용할 수 있는 패턴입니다. 대명사 it은 '그것'을 뜻하지만, 때론 구체적인 대상이 아닌 추상적인 상황을 가리키기도 합니다. 하지만 it이 사물을 가리킬 때, it 대신에 사물이 가까이에 있을 때는 Does this ~?, 사물이 멀리 있을 때는 Does that ~? 패턴으로 바꿔 말할 수 있습니다.

 기본패턴 개념잡기

그거 냄새 좋니?	**Does it** smell good?
그거 맛있니?	**Does it** taste delicious?
그거 효과가 있니?	**Does it** work?

 확장패턴 개념잡기

It doesn't ~. 그건 ~하지 않아.

- 그건 중요하지 않아.   It doesn't matter.
- 그건 말이 되질 않아.   It doesn't make sense.

84 UNIT 07

 패턴완성하기

아래 패턴 문장들을 mp3를 들으며 큰 소리로 따라 읽어보세요.

Does it 그거 ~하니?

- smell bad? 냄새가 안 좋다
- taste funny? 이상한 맛이 나다
- happen a lot? 많이 일어나다

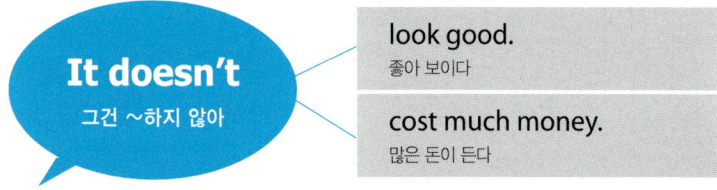

It doesn't 그건 ~하지 않아

- look good. 좋아 보이다
- cost much money. 많은 돈이 든다

REAL Situation

A: Does your boyfriend have a car?

B: Why? Does it matter?

A: How is the spaghetti?

B: It doesn't suit my taste. It tastes too salty.

A: 네 남자친구 차 있니?
B: 왜? 그게 중요해?

A: 스파게티 맛 어때요?
B: 제 입맛에 안 맞네요. 너무 짜요.

I'm Your Book

EXERCISE

배웠던 대화 내용을 영어로 다시 말할 수 있는지 확인해 보세요.

1. A: Do you have a boyfriend?
   B: Yes, I do. 그는 아주 잘 생겨보여. ▶ handsome 잘생긴
   A: Does she have a car?
   B: Well, 그녀는 차가 없어, but 그녀는 오토바이가 있어.
      ▶ motorbike 오토바이

2. A: Did you and Jane have fun at the concert?
   B: 걘 많이 즐겼어, but I didn't enjoy it at all. ▶ enjoy 즐기다
   A: Did Jane call in sick? 그녀 오늘 출근 안 했어.
      ▶ come to work 출근하다
   B: Really? I didn't know.

3. A: You have a son, right? 걔 공부 열심히 하니?
      ▶ study 공부하다
   B: Of course, he does. Like father, like son.
   A: Jane got into a car accident yesterday.
   B: Oh, no. 걔 심하게 다쳤니? ▶ get hurt 다치다

4. A: Does your boyfriend have a car?
   B: Why? 그게 중요해? ▶ matter 중요하다
   A: How is the spaghetti?
   B: 제 입맛에 안 맞네요. It tastes too salty. ▶ taste 입맛

왕초보! 한 번 쯤은 영어로 꼭 해보고 싶었던 말
**베스트 4!
패턴으로 해결한다!**

UNIT 08

나 머리가 아파.
I have a headache.

그는 문제가 좀 있어.
He has some problems.

나 감기 걸렸었어.
I had a cold.

너 오늘 밤에 시간 있니?
Do you have time tonight?

나 ~가 아파(~에 걸렸어).

I have + 병명.

일반동사 have는 '가지다, ~가 있다'란 기본 뜻을 가지고 있습니다. 예를 들어, I have a car. (나 차가 있어)처럼 말이죠. 하지만 have는 그 의미가 확장되어 a headache(두통), a stomachache(복통), a cold (감기) 와 같은 병명을 목적어로 취하여 '~가 아프다, ~병을 가지고 있다' 란 의미를 전달하기도 합니다.

 기본패턴 개념잡기

나 머리가 아파.	**I have** a headache.
나 목이 아파.	**I have** a sore throat.
나 감기에 걸렸어.	**I have** a cold.

 확장패턴 개념잡기

I have no ~. 나 ~ 없어.

- 나 돈 없어.   I have no money.
- 나 여자 친구 없어.   I have no girlfriend.

 패턴완성하기

아래 패턴 문장들을 mp3를 들으며 큰 소리로 따라 읽어보세요.

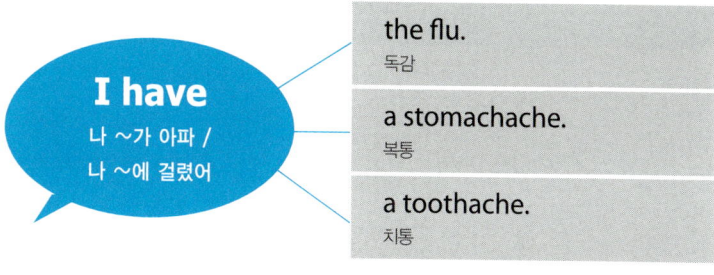

I have
나 ~가 아파 /
나 ~에 걸렸어

the flu.
독감

a stomachache.
복통

a toothache.
치통

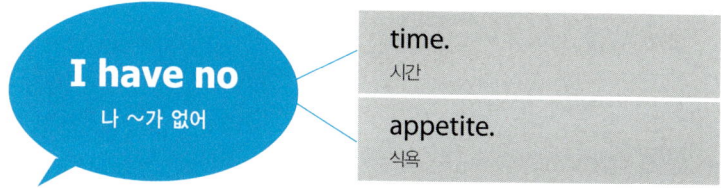

I have no
나 ~가 없어

time.
시간

appetite.
식욕

 **REAL Situation**

A: I'm not feeling well. I have a cough and a sore throat.

B: That's too bad. You should take some medicine.

A: I have a sore back. Is there a doctor's clinic nearby?

B: I have no idea.

A: 나 컨디션이 좋지 않아. 나 기침을 하고 목이 아파.
B: 저런 어쩌니. 너 약을 좀 먹도록 해.

A: 나 등이 아파. 근처에 병원이 있니?
B: 난 모르겠어.

30 PATTERN 그는 ~가 있어.

He has ~.

read, cook 등의 일반 동사들은 주어가 He, She, It 등의 3인칭 단수일 경우 동사 뒤에 -s를 붙여주면 됩니다. 하지만 동사 have는 예외적인 형태로, 3인칭 단수일 경우, has로 그 모양을 바꿔서 사용해야 합니다. 무언가가 많이 있을 때는 수량어 lots of를 약간 있을 때는 some을 사용해서 표현을 더 세부적으로 말할 수 있습니다.

기본패턴 개념잡기

그는 문제가 좀 있어.
He has some problems.

그는 제주도에 집이 있어.
He has a house in Jeju.

그는 짧은 머리를 하고 있어.
He has short hair.

확장패턴 개념잡기

He has lots of ~. 그는 ~가 많아.

- 그는 돈이 많아.   He has lots of money.
- 그는 경험이 많아.   He has lots of experiences.

 패턴완성하기

아래 패턴 문장들을 mp3를 들으며 큰 소리로 따라 읽어보세요.

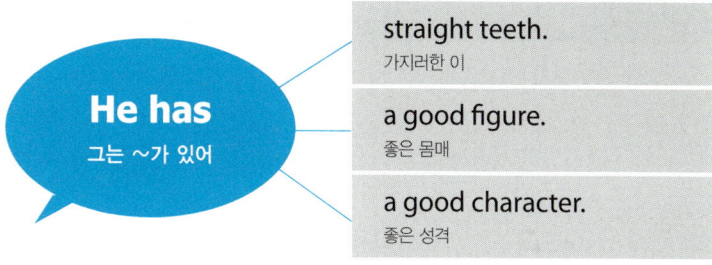

He has
그는 ~가 있어

- straight teeth.
  가지런한 이
- a good figure.
  좋은 몸매
- a good character.
  좋은 성격

He has lots of
그는 ~가 많아

- gray hair.
  흰 머리
- wrinkles on his face.
  얼굴에 주름들

 REAL Situation

A: What is your boyfriend like?
B: Well, he has an outgoing personality. Everybody loves him.

A: What is your boss like?
B: He has a bad temper, so he has lots of enemies.

A: 네 남자친구는 어떤 사람이야?
B: 음, 걘 외향적인 성격을 가지고 있어. 아주 인기남이야.(=모두가 그를 완전 좋아해.)

A: 네 상사는 어떤 사람이야?
B: 그 인간 성격이 안 좋아. 그래서 적이 많지.

31 PATTERN 나 ~가 있었어.

I had ~.

불규칙형 일반동사인 have는 과거형이 뒤에 -ed를 붙인 형태가 아니라 had라는 동사를 사용해야 합니다. 즉, I had ~는 '나 ~가 있었어'란 뜻을 전달하게 되지요. have 이외에도 buy(사다), break(부수다), make(만들다) 등의 동사들은 모두 불규칙형으로 과거형이 bought(샀다), broke(부쉈다), made(만들었다) 등으로 바뀌게 됩니다.

기본패턴 개념잡기

나 감기 걸렸었어.   **I had** a cold.

나 돈이 많았었어.   **I had** lots of money.

나 벌에 쏘였었어.   **I had** a bee sting.

확장패턴 개념잡기

I didn't have any ~.   난 ~가 전혀 없었어.

· 난 선택권이 전혀 없었어.   I didn't have any choice.
· 난 시간이 전혀 없었어.   I didn't have any time.

아래 패턴 문장들을 mp3를 들으며 큰 소리로 따라 읽어보세요.

I had
나 ~가 있었어

- **dry skin.** 건조한 피부
- **three cats.** 고양이 세 마리
- **many friends in the past.** 과거에 많은 친구들

I didn't have any
나 ~가 전혀 없었어

- **towels.** 수건
- **cofidence.** 자신감

 REAL Situation

A: You don't look good today.
B: I had a nightmare last night, so I couldn't sleep a wink.

A: You didn't buy anything there. Why?
B: Because I didn't have any money.

A: 너 오늘 안색이 안 좋아 보여.
B: 나 어제 밤에 악몽을 꿨어. 그래서 한 숨도 잘 수가 없었어.

A: 너 거기서 아무것도 안 샀네. 왜 그런 거야?
B: 나 돈이 전혀 없었으니까.

PATTERN 32 너 ~ 있니?

Do you have ~?

have 동사의 의문문은 주어에 따라 Do 또는 Does를 넣어 만들며, 과거형인 경우, 주어에 상관없이 Did로 묻습니다. 무언가를 혹시 가지고 있는지 물을 때는, any를 넣어 의미를 보충합니다.

기본패턴 개념잡기

너 오늘 밤에 시간 있니?
Do you have time tonight?

너 혹시 아스피린 있니?
Do you have any aspirin?

너 도서관 카드 있니?
Do you have your library card?

확장패턴 개념잡기

Did you have ~? 너 ~가 있었니[가졌니]?

- 너 좋은 시간을 가졌니? Did you have a good time?
- 너 아침 먹었니?   Did you have breakfast?

패턴완성하기

아래 패턴 문장들을 mp3를 들으며 큰 소리로 따라 읽어보세요.

Do you have
너 ~ 있니?

- his number?
  그의 전화번호
- any coins?
  혹시 동전들
- any questions?
  혹시 질문들

Did you have
너 ~가 있었니[가졌니]?

- lunch with him?
  그와 함께 점심식사
- a crush on her?
  그녀를 향한 짝사랑

 REAL Situation

A: Do you have any dishes for vegetarians?

B: Yes, we do. They're on the last page of the menu.

A: Did you have a good sleep?

B: No, I didn't. I drank too much coffee last night.

A: 혹시 채식주의자들을 위한 요리도 있나요?
B: 네, 있습니다. 메뉴의 마지막 페이지를 보시면 됩니다.

A: 너 잘 잤니?
B: 아니, 못 잤어. 어제 밤에 커피를 너무 많이 마셨어.

I'm Your Book

EXERCISE

배웠던 대화 내용을 영어로 다시 말할 수 있는지 확인해 보세요.

1 A: I'm not feeling well. 나 기침을 하고 목이 아파.
   ▶ sore throat 목이 아픔

   B: That's too bad. You should take some medicine.

   A: 나 등이 아파. Is there a doctor's clinic nearby?
   ▶ sore back 등이 아픔

   B: I have no idea.

2 A: What is your boyfriend like?

   B: Well, 걘 외향적인 성격을 가지고 있어. Everybody loves him. ▶ an outgoing personality 외향적인 성격

   A: What is your boss like?

   B: 그 인간 성격이 안 좋아. so, 적이 많지. ▶ temper 성격, 성질

3 A: You don't look good today.

   B: 나 어제 밤에 악몽을 꿨어. so I couldn't sleep a wink.
   ▶ nightmare 악몽

   A: You didn't buy anything there. Why?

   B: Because 나 돈이 전혀 없었어. ▶ Hello 안녕

4 A: 혹시 채식주의자들을 위한 요리도 있나요? ▶ vegetarian 채식주의자

   B: Yes, we do. They're on the last page of the menu.

   A: 너 잘 잤니? ▶ sleep 자다

   B: No, I didn't. I drank too much coffee last night.

왕초보! 한 번 쯤은 영어로 꼭 해보고 싶었던 말
**베스트 4!
패턴으로 해결한다!**

UNIT 09

맛있는 냄새가 나네.
It smells delicious.

너 (목소리가) 우울하게 들려.
You sound depressed.

맛이 짜.
It tastes salty.

그는 신경이 날카로워 보여.
He seems edgy.

PATTERN 33 ~한 냄새가 나네.

It smells + 형용사.

동사 smell은 '~한 냄새가 나다'란 뜻으로 감각동사 중 하나입니다. 주어 자리에 3인칭 단수인 it을 놓아서 특정 대상의 냄새가 어떤지를 묘사할 때 사용할 수 있는 패턴이지요. 주의할 것은 smell 뒤에는 반드시 형용사가 위치해야 한다는 점이죠. 추가로, 특정대상과 비교하며 '~와 같은 냄새가 난다'는 말을 하고 싶다면 전치사 like와 함께 연결시켜 말해야 합니다.

 기본패턴 개념잡기

맛있는 냄새가 나.	**It smells** delicious.
이상한 냄새가 나.	**It smells** weird.
수상한 냄새가 나.	**It smells** fishy.

 확장패턴 개념잡기

It smells like ~. ~ 같은 냄새가 나.

- 팝콘 같은 냄새가 나.   It smells like popcorn.
- 마늘 같은 냄새가 나.   It smells like garlic.

패턴완성하기

아래 패턴 문장들을 mp3를 들으며 큰 소리로 따라 읽어보세요.

It smells
~한 냄새가 나

- bad.
  나쁜
- horrible.
  끔찍한
- great.
  훌륭한

It smells like
~같은 냄새가 나

- trash.
  쓰레기
- urine.
  오줌

 REAL Situation

A: It smells sweet. Are you cooking something?

B: I'm making a chocolate cake.

A: It smells good in here.

B: Yes, it does. It smells like roses.

A: 달콤한 냄새가 나. 너 뭐 요리하고 있니?
B: 초콜릿 케이크 만들고 있어.

A: 여기 냄새가 좋은 걸.
B: 그러게. 장미꽃 같은 냄새가 나.

I'm Your Book

너 (목소리가) ~하게 들려.

You sound + 형용사.

동사 sound는 '~한 소리가 들리다, (목소리가) ~하게 들리다'란 뜻으로도 사용됩니다. 상대방 You를 주어로 놓고, 상대방의 목소리 또는 상대방이 하는 말의 내용을 통한 그 사람의 심리상태를 말하고자 할 때 You sound ~.패턴으로 말할 수 있지요.

 기본패턴 개념잡기

너 목소리가 우울하게 들려.
You sound depressed.

너 목소리가 다르게 들려.
You sound different.

너 목소리가 화난 것처럼 들려.
You sound upset.

 확장패턴 개념잡기

You sound like ~. 너 말하는 게 ~ 같아.

- 너 말하는 게 우리 아빠 같아.
  You sound like my father.
- 너 말하는 게 정치인 같아.
  You sound like a politician.

 패턴완성하기

아래 패턴 문장들을 mp3를 들으며 큰 소리로 따라 읽어보세요.

You sound
너 (목소리가) ~하게 들려

- tired. 피곤한
- hoarse. 목이 쉰
- terrified. 공포에 질린

You sound like
너 말하는 게 ~ 같아

- an expert. 전문가
- my mom. 우리 엄마

💬 REAL Situation

A: My body aches all over, and I cough a lot.

B: You sound sick. Maybe you have a cold.

A: You sound like your grandfather.

B: Yeah, I get that a lot.

A: 나 온 몸이 다 아프고, 기침도 많이 해.
B: 너 목소리가 아픈 것 같아. 감기 걸렸나 보다.

A: 너 말하는 게 너희 할아버지 같아.
B: 응, 그런 말 많이 들어.

I'm Your Book

35 PATTERN 맛이 ~해.

It tastes + 형용사.

또 다른 감각동사인 taste를 활용한 패턴입니다. 동사 taste는 '~한 맛이 나다'란 뜻으로 역시 뒤에 형용사가 위치해야 하지요. 앞서 배웠던 것처럼 특정 대상과 같은 맛이 난다고 표현하고 싶을 때는 전치사 like의 도움을 받으면 됩니다.

 기본패턴 개념잡기

맛이 이상해요.   **It tastes** weird.

맛이 짜.   **It tastes** salty.

맛이 끝내줘요.   **It tastes** heavenly.

 확장패턴 개념잡기

Does it taste like ~? 그거 ~ 맛 같아?

- 그거 치킨 맛 같아? Does it taste like chicken?
- 그거 딸기 맛 같아? Does it taste like strawberries?

 **패턴완성하기**

아래 패턴 문장들을 mp3를 들으며 큰 소리로 따라 읽어보세요.

It tastes
맛이 ~해요

- really good. / 정말로 좋은
- awful. / 끔찍한
- sweet. / 달달한

Does it taste like
그거 ~ 맛 같아?

- shrimp? / 새우
- boogers? / 코딱지

 **REAL Situation**

A: Try this food. My mom made it.
B: It smells good. Wow! It tastes good, too!
A: How does it taste? Does it taste like beef?
B: Just a little. But it tastes more like chicken.

A: 이 음식 먹어 봐. 우리 엄마가 만들었어.
B: 냄새가 좋은 걸. 와우! 맛도 좋아!
A: 그거 맛이 어때? 소고기 같은 맛이 나?
B: 그냥 조금. 근데 닭고기 맛이 더 나.

PATTERN 36 그는 ~해 보여.

He seems + 형용사.

Unit 06에 등장했던 감각동사인 look과 동일하게 '~하게 보이다'란 의미로 사용할 수 있는 동사가 바로 seem입니다. 상대방의 외관, 행동 등을 통해서 그 사람이 어떻게 보이는지 묘사하고자 할 때 사용할 수 있는 표현이지요. 모든 감각동사가 그렇듯 뒤에는 반드시 형용사가 위치하여 주어의 상태를 설명해 줄 수 있습니다.

 기본패턴 개념잡기

그는 신경이 날카로워 보여. **He seems** edgy.

그는 매우 친절해 보여. **He seems** very kind.

그는 질투하는 걸로 보여. **He seems** jealous.

 확장패턴 개념잡기

Does he seem like ~? 그는 ~처럼 보이니?

· 그는 정직한 사람처럼 보이니?
  Does he seem like an honest man?
· 그는 바람둥이처럼 보이니?
  Does he seem like a player?

패턴완성하기

아래 패턴 문장들을 mp3를 들으며 큰 소리로 따라 읽어보세요.

He seems
그는 ~해 보여

- mature.
  성숙한
- pissed.
  열받은
- uncomfortable.
  불편해 하는

Does he seem like
그는 ~처럼 보이니?

- a bad person?
  나쁜 사람
- a mama's boy?
  마마 보이

REAL Situation

A: Jack drives a BMW. He seems super rich.
B: That's not his car. He rented it.

A: Does he seem like a nice guy?
B: Yeah, he's really friendly and sweet. He's handsome, too.

A: 잭은 BMW를 몰아. 그는 엄청 부유해 보여.
B: 그거 그의 차가 아니야. 그 차 렌트한 거야.

A: 그는 좋은 남자처럼 보여?
B: 응, 굉장히 친절하고 다정해. 잘생기기도 했고.

EXERCISE

배웠던 대화 내용을 영어로 다시 말할 수 있는지 확인해 보세요.

1. A: 달콤한 냄새가 나. Are you cooking something?
   ▶ sweet 달콤한
   B: I'm making a chocolate cake.
   A: It smells good in here.
   B: Yes, it does. 장미꽃 같은 냄새가 나. ▶ rose 장미꽃

2. A: My body aches all over, and I cough a lot.
   B: 너 목소리가 아픈 것 같아. Maybe you have a cold.
   ▶ sick 아픈
   A: 너 말하는 게 너희 할아버지 같아. ▶ grandfather 할아버지
   B: Yeah, I get that a lot.

3. A: Try this food. My mom made it.
   B: It smells good. Wow! 맛도 좋아! ▶ good 좋은
   A: How does it taste? 소고기 같은 맛이 나? ▶ beef 소고기
   B: Just a little. But it tastes more like chicken.

4. A: Jack drives a BMW. 그는 엄청 부유해 보여. ▶ rich 부유한
   B: That's not his car. He rented it.
   A: 그는 좋은 남자처럼 보여? ▶ a nice guy 멋진 사람
   B: Yeah, he's really friendly and sweet. He's handsome, too.

왕초보! 한 번 쯤은 영어로 꼭 해보고 싶었던 말
베스트 4!
패턴으로 해결한다!

UNIT 10

난 항상 약속을 지켜.
I always keep a promise.

난 보통 전철을 타.
I usually take the subway.

나 가끔은 옛날이 그리워.
I sometimes miss the old days.

난 절대 과속 안 해.
I never speed.

37 PATTERN 난 항상 ~해.

I always + 일반동사 ~.

'항상'이란 뜻을 가진 빈도부사 always는 일반동사의 앞에 위치하여 동사가 의미하는 동작의 빈도, 횟수를 설명해 줍니다. I always smile. (난 항상 웃어)처럼 말이죠. 하지만 빈도부사가 be동사와 함께 사용될 때는 반드시 be동사의 뒤에 위치해 주어야 합니다. 'I am always happy.'(난 항상 행복해)처럼 말이죠.

 기본패턴 개념잡기

난 항상 약속을 지켜.
I always keep a promise.

난 항상 청바지를 입어.
I always wear jeans.

난 항상 늦게 퇴근 했어.
I always left work late.

 확장패턴 개념잡기

He is always ~. 그는 항상 ~야.

· 그는 항상 진지해. He's always serious.
· 그는 항상 활기차. He's always cheerful.

 **패턴완성하기**

아래 패턴 문장들을 mp3를 들으며 큰 소리로 따라 읽어보세요.

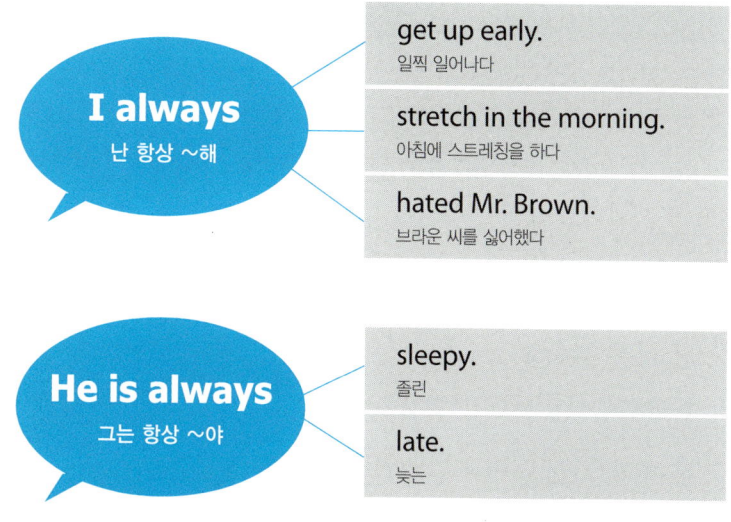

I always
난 항상 ~해

- get up early.
  일찍 일어나다
- stretch in the morning.
  아침에 스트레칭을 하다
- hated Mr. Brown.
  브라운 씨를 싫어했다

He is always
그는 항상 ~야

- sleepy.
  졸린
- late.
  늦는

 REAL Situation

A: Do you help your wife at home?
B: Of course, I do. I always wash the dishes.

A: My husband, he's always tired, because he always comes home late.
B: My husband, too.

A: 너 집에서 아내를 도와주니?
B: 물론이지. 난 항상 설거지를 해.

A: 우리 남편은, 그인 항상 피곤해 해. 왜냐면 항상 집에 늦게 들어오거든.
B: 내 남편도 그래.

38 PATTERN 난 보통 ~해.

I usually + 일반동사 ~.

'보통, 일반적으로'란 뜻을 가진 빈도부사 usually와 '자주, 종종'이란 뜻을 가진 빈도부사 often도 회화에서 중요하게 사용되는 어휘입니다. 굳이 빈도의 순서를 따지자면 앞서 배웠던 always 〉 usually 〉 often의 순서로 나열 될 수 있습니다.

기본패턴 개념잡기

난 보통 운동화를 신어.
I usually wear sneakers.

난 보통 전철을 타.
I usually take the subway.

난 보통 집에서 저녁 먹어.
I usually have dinner at home.

확장패턴 개념잡기

I often ~.   난 종종 ~해.

- 난 종종 스마트 폰을 바꿔.
  I often change my smart phone.
- 난 종종 산책을 해.
  I often take a walk.

 **패턴완성하기**

아래 패턴 문장들을 mp3를 들으며 큰 소리로 따라 읽어보세요.

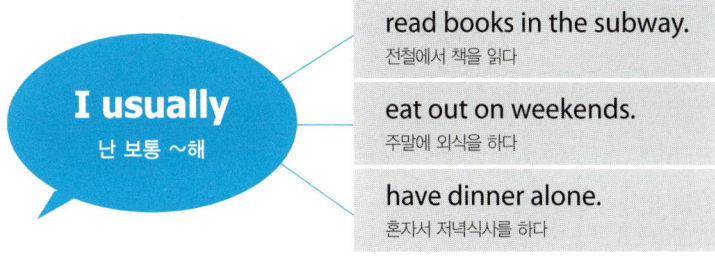

I usually
난 보통 ~해

- read books in the subway.
  전철에서 책을 읽다
- eat out on weekends.
  주말에 외식을 하다
- have dinner alone.
  혼자서 저녁식사를 하다

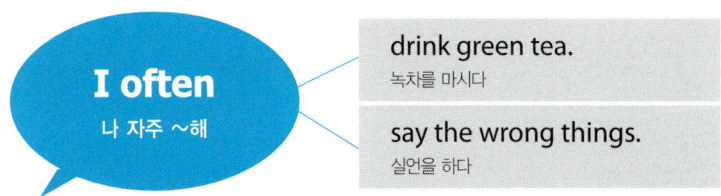

I often
나 자주 ~해

- drink green tea.
  녹차를 마시다
- say the wrong things.
  실언을 하다

 **REAL Situation**

A: Do you take the subway to work?
B: Sometimes, I do. But I usually take the bus.
A: I often get up late, so I am often late for classes.
B: We have something in common.

A: 너 회사에 전철타고 가니?
B: 가끔은 그래. 하지만 보통은 버스를 타.

A: 난 종종 늦게 일어나. 그래서 종종 수업에 늦어.
B: 우리 공통점이 있네.

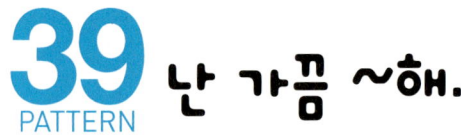

PATTERN 39 난 가끔 ~해.

I sometimes ~.

빈도부사 sometimes는 '가끔'이란 뜻을 가집니다. 단, sometimes는 다른 빈도부사와는 다르게 위치의 제약을 크게 받지 않아서 일반 동사 앞, 혹은 be동사의 뒤 외에, 문장의 맨 앞에도 자주 위치하곤 합니다. 예를 들어, I sometimes cry. (난 가끔 울어)를 Sometimes I cry. 라고 말해도 무방하지요. 또한 '거의 ~않는'이란 뜻의 빈도부사 rarely도 함께 연습해 보도록 하세요.

 기본패턴 개념잡기

난 가끔 옛날이 그리워.
I sometimes miss the old days.

난 가끔 야근을 해.
I sometimes work overtime.

난 가끔 밤을 새.
I sometimes stay up all night.

 확장패턴 개념잡기

I rarely ~.   난 거의 ~ 안 해.

- 난 거의 방 청소 안 해.   I rarely clean my room.
- 난 거의 집에서 요리 안 해.   I rarely cook at home.

112 UNIT 10

 패턴완성하기

아래 패턴 문장들을 mp3를 들으며 큰 소리로 따라 읽어보세요.

I sometimes
난 가끔 ~해

- take a walk in the park.
  공원에서 산책을 하다
- feel lonely.
  외롭다
- drink alone.
  혼자서 술을 마시다

I rarely
난 거의 ~ 안 해

- go out at night.
  밤에 밖에 나가다
- eat meat.
  고기를 먹다

 REAL Situation

A: I sometimes skip breakfast. How about you?
B: I rarely eat breakfast. I just don't have time.

A: How often do you go to the movies?
B: Well, I rarely go to the movies. I prefer reading.

A: 난 가끔 아침을 걸러. 넌 어때?
B: 난 거의 아침 안 먹어. 그냥 그럴 시간이 없어.

A: 너 얼마나 자주 영화 보러 가니?
B: 음, 나 거의 영화 보러 안 가. 난 책 읽는 게 더 좋아.

40 PATTERN 난 절대 ~ 안 해.

I never ~.

빈도부사 never는 '절대 ~않는'이란 뜻으로 가장 강력한 부정을 말할 때 사용할 수 있는 표현입니다. 추가로 will, can, may 등의 조동사와 빈도부사가 함께 쓰일 때 빈도 부사의 위치는 반드시 조동사의 뒤에 위치해야 합니다. 즉, I never will sing 이 아니라 I will never sing (난 절대 노래 안 할 거야)라고 말해야 올바른 어순이 됩니다.

 기본패턴 개념잡기

난 절대 담배 안 펴. **I never** smoke.

난 절대 과속 안 해. **I never** speed.

난 절대 그런 생각 안 했어.
　　　　　　I never thought about that.

 확장패턴 개념잡기

I'll never ~. 절대 ~하지 않을 거야.

· 절대 내 첫 키스를 잊지 않을 거야.
  I'll never forget my first kiss.
· 절대 다시는 같은 실수를 하지 않을 거야.
  I'll never make the same mistake again.

 **패턴완성하기**

아래 패턴 문장들을 mp3를 들으며 큰 소리로 따라 읽어보세요.

I never
난 절대 ~안 해

- break my word.
  내가 한 말을 어기다
- tell a lie.
  거짓말을 하다
- eat anything after 9.
  9시 이후로 뭔가를 먹다

I'll never
절대 ~하지 않을 거야

- quit my job.
  직장을 그만두다
- forget this moment.
  이 순간을 잊다

 REAL Situation

A: You never gain weight.

B: I always watch my weight. I never eat too much.

A: I got a 3-day detention. I'll never play hooky again.

B: Yeah, don't break the rules again.

A: 넌 절대 살이 안찌는 구나.
B: 난 항상 몸무게를 신경 쓰거든. 난 절대로 많이 먹지 않아.

A: 나 3일 동안 학교에 남아서 벌 받아야 해. 절대 다신 땡땡이치지 않을 거야.
B: 그래, 다시는 규칙을 어기지 마.

EXERCISE

배웠던 대화 내용을 영어로 다시 말할 수 있는지 확인해 보세요.

1 A: Do you help your wife at home?
B: Of course, I do. 난 항상 설거지를 해. ▶ wash the dishes 설거지를 하다
A: My husband, 그인 항상 피곤해 해, because 그는 항상 집에 늦게 오거든.
B: My husband, too.

2 A: Do you take the subway to work?
B: Sometimes, I do. But 보통은 버스를 타. ▶ bus 버스
A: 난 종종 늦게 일어 나, so I am often late for classes.
   ▶ late 늦게
B: We have something in common.

3 A: 난 가끔 아침을 걸러. How about you? ▶ breakfast 아침
B: 난 거의 아침 안 먹어. I just don't have time.
A: How often do you go to the movies?
B: Well, 나 거의 영화 보러 안 가. I prefer reading. ▶ movie 영화

4 A: You never gain weight.
B: I always watch my weight. 난 절대로 많이 먹지 않아.
   ▶ eat 먹다
A: I got a 3-day detention. 절대 다신 땡땡이치지 않을 거야.
   ▶ play hooky 수업을 빼먹다
B: Yeah, don't break the rules again.

나 ~하는 중이야.

I'm + 동사-ing ~.

특정 시점에서 진행 중인 일을 말할 때 진행시제를 사용합니다. 진행시제는 'be동사 + 동사-ing' 형태로 표현해주면 되지요. 주어가 I 일 때 be동사는 am을 사용하므로, '나 ~하고 있어' 또는 '나 ~하는 중이야'는 영어로 I'm + ~ing 패턴으로 문장을 만들어 주면 됩니다. 과거에 무언가를 하고 있는 중이었다는 과거진행시제를 말하고 싶다면 be동사를 과거형으로 바꿔주면 됩니다.

 기본패턴 개념잡기

나 문자 메시지 보내는 중이야.
I'm sending a text message.

나 시험 공부하는 중이야.
I'm studying for a test.

나 내 방에서 쉬고 있는 중이야.
I'm taking a rest in my room.

 확장패턴 개념잡기

I was + 동사-ing ~. 나 ~하던 중이었어.

- 나 샤워 하던 중이었어.   I was taking a shower.
- 나 점심 먹던 중이었어.   I was eating lunch.

패턴완성하기

아래 패턴 문장들을 mp3를 들으며 큰 소리로 따라 읽어보세요.

I'm 나 ~하는 중이야

- **talking to my mother.**
  엄마랑 얘기 중인
- **watching Avengers on DVD.**
  DVD로 Avengers를 보는 중인
- **working out at the gym.**
  헬스장에서 운동 중인

I was 나 ~하던 중이었어

- **watering flowers.**
  꽃에 물을 주는
- **changing my clothes.**
  옷을 갈아입고 있는

REAL Situation

A: Hi, welcome to H-Mart. May I help you?

B: Oh, yes, please. I'm looking for a laptop computer.

A: What were you doing?

B: Oh, I was doing my homework.

A: 안녕하세요. H-Mart에 오신 걸 환영합니다. 제가 도와드릴까요?
B: 아, 네. 저 노트북을 사려고요.

A: 너 뭐하고 있던 중이니?
B: 아, 나 숙제 하던 중이었어.

42 PATTERN 너 ~하는 거니?

Are you + 동사-ing ~?

상대방에게 지금 뭔가를 하고 있냐고 물을 때 Are you + 동사-ing ~? 패턴으로 질문을 던질 수 있습니다. '계획하다'란 뜻을 가진 동사 plan을 사용한 Are you planning a ~? 패턴으로 상대방에게 지금 계획 중인 내용에 대한 질문을 던질 수도 있습니다.

 기본패턴 개념잡기

너 최선을 다하고 있는 거야?
Are you doing your best?

너 학교 가고 있는 거야?
Are you going to school?

너 산책하고 있는 거야?
Are you taking a walk?

 확장패턴 개념잡기

Are you planning ~? 너 ~를 계획 중인 거니?

- 너 파티를 계획 중인 거니?
  Are you planning a party?
- 너 여행을 계획 중인 거니?
  Are you planning a trip?

 **패턴완성하기**

아래 패턴 문장들을 mp3를 들으며 큰 소리로 따라 읽어보세요.

Are you
너 ~하고 있는 거야?

- calling from Japan?
  일본에서 전화하는 중인
- cooking something?
  뭔가를 요리 중인
- hiding something from me?
  내게 뭔가를 숨기는

Are you planning ~?
너 ~를 계획 중인 거니?

- a trip to Canada?
  캐나다로의 여행
- a vacation?
  휴가

 **REAL Situation**

A: Are you winking at me?

B: No, I have something in my eye.

A: Are you planning a business trip to Sydney?

B: Yeah, but I have a budget issue.

A: 너 나한테 윙크하는 거야?
B: 아냐. 눈에 뭐가 들어갔어.

A: 너 시드니로의 출장을 계획 중인 거니?
B: 응. 근데 예산 문제가 있네.

43
PATTERN

나 ~하는 거 아니야.

I'm not ~.

현재진행시제의 부정문은 'be동사 + not + 동사-ing'의 형태를 취합니다. 즉, I'm not + ~ing 패턴은 '나 ~하는 거 아니에요'란 의미를 전달하지요. 과거에 그러던 중이 아니었다고 말하고 싶을 때는 be동사 am 대신에 was를 써서 말하면 됩니다.

 기본패턴 개념잡기

나 셀카 찍는 거 아니야.
I'm not taking a selfie.

나 어떤 것도 숨기는 거 아니야.
I'm not hiding anything.

나 네 얘기 하고 있는 거 아니야.
I'm not talking about you.

 확장패턴 개념잡기

I wasn't + 동사-ing ~. 나 ~하고 있던 거 아니야.

· 나 너 쳐다보고 있던 거 아니야.
  I wasn't looking at you.
· 나 집중을 하고 있던 거 아니야.
  I wasn't paying attention.

패턴완성하기

아래 패턴 문장들을 mp3를 들으며 큰 소리로 따라 읽어보세요.

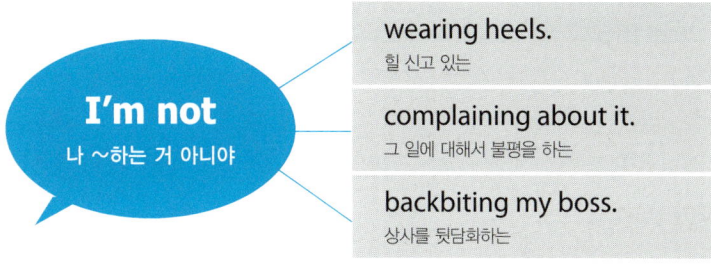

I'm not
나 ~하는 거 아니야

- wearing heels.
  힐 신고 있는
- complaining about it.
  그 일에 대해서 불평을 하는
- backbiting my boss.
  상사를 뒷담화하는

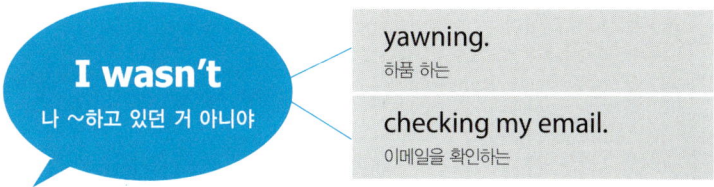

I wasn't
나 ~하고 있던 거 아니야

- yawning.
  하품 하는
- checking my email.
  이메일을 확인하는

REAL Situation

A: Are you wearing shorts?
B: No, I'm not wearing shorts. I'm wearing slacks.

A: I wasn't reading your diary.
B: Then why were you in my room?

A: 너 반바지 입고 있니?
B: 아니, 나 반바지 입고 있지 않아. 나 슬랙스 입고 있어.

A: 나 네 일기장 읽고 있던 거 아니야.
B: 그러면 너 왜 내 방에 있었는데?

I'm Your Book

44 PATTERN 너 뭘 ~하고 있는 거야?

What are you + 동사-ing ~?

의문사 what과 현재진행형 시제를 결합하여 상대방에게 지금 무엇을 먹고 있는지, 무엇을 하고 있는지 등을 물을 때 사용할 수 있는 패턴입니다. 마찬가지로 과거에 뭐하고 있었는지 물을 땐 'What were you + 동사-ing' 형태로 말할 수 있습니다.

기본패턴 개념잡기

너 뭘 먹고 있는 거야? **What are you** eating?

너 뭘 하고 있는 거야? **What are you** doing?

너 무슨 얘길 하고 있는 거야?
　　　What are you talking about?

확장패턴 개념잡기

What were you + 동사-ing?　너 뭘 ~하고 있던 거야?

· 너 뭘 생각 하고 있던 거야?
　What were you thinking?
· 너 뭘 듣고 있던 거야?
　What were you listening to?

 **패턴완성하기**

아래 패턴 문장들을 mp3를 들으며 큰 소리로 따라 읽어보세요.

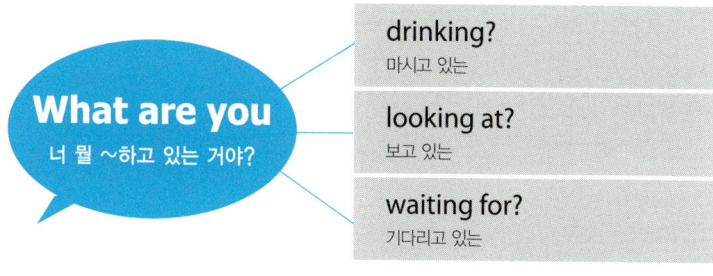

What are you 너 뭘 ~하고 있는 거야?
- drinking? 마시고 있는
- looking at? 보고 있는
- waiting for? 기다리고 있는

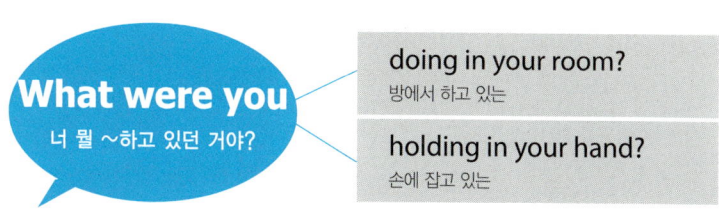

What were you 너 뭘 ~하고 있던 거야?
- doing in your room? 방에서 하고 있는
- holding in your hand? 손에 잡고 있는

REAL Situation

A: What are you searching for on the Internet?

B: I'm choosing a gift for my wife's birthday.

A: What were you doing in this picture?

B: Oh, I was playing hide-and-seek with my friends.

A: 너 인터넷으로 뭘 검색하는 거니?
B: 와이프 생일 선물을 고르는 중이야.

A: 너 이 사진에서 뭘 하고 있었던 거야?
B: 아, 나 친구들하고 숨바꼭질을 하던 중이었어.

EXERCISE

배웠던 대화 내용을 영어로 다시 말할 수 있는지 확인해 보세요.

1. A: Hi, welcome to H-Mart. May I help you?
   B: Oh, yes, please. 네. 저 노트북을 사려고요.
   ▶ laptop computer 노트북 컴퓨터
   A: What were you doing?
   B: Oh, 나 숙제 하던 중이었어. ▶ homework 숙제

2. A: 너 나한테 윙크하는 거야? ▶ wink 윙크하다
   B: No, I have something in my eye.
   A: 너 시드니로의 출장을 계획 중인 거니? ▶ business trip 출장
   B: Yeah, but I have a budget issue.

3. A: Are you wearing shorts?
   B: No, 나 반바지 입고 있지 않아. I'm wearing slacks.
   ▶ shorts 반바지
   A: 나 네 일기장 읽고 있던 거 아니야. ▶ diary 일기장
   B: Then why were you in my room?

4. A: 너 인터넷으로 뭘 검색하는 거니? ▶ Internet 인터넷
   B: I'm choosing a gift for my wife's birthday.
   A: 너 이 사진에서 뭘 하고 있었던 거야? ▶ picture 사진
   B: Oh, I was playing hide-and-seek with my friends.

왕초보! 한 번 쯤은 영어로 꼭 해보고 싶었던 말
**베스트 4!
패턴으로 해결한다!**

UNIT 12

나 파티를 열거야.
I'm going to have a party.

너 머리 자를 거니?
Are you going to get a haircut?

나 네게 문자 보내려고 했었어.
I was going to text you.

난 치즈버거 먹을게.
I'll have a cheeseburger.

PATTERN 45 난 ~할 거야. / 난 ~일 거야.

I'm going to + 동사 원형 ~.

be going to는 '~할 것이다, ~할 예정이다'란 뜻으로 가까운 미래에 할 일을 말할 때 사용할 수 있습니다. '나 ~안 할 거야'란 말은 be동사 뒤에 not을 넣어 I'm not going to ~. 패턴으로 말할 수 있습니다.

 기본패턴 개념잡기

난 그에게 전화를 할 거야.
I'm going to call him.

난 파티를 열 거야.
I'm going to have a party.

난 소풍을 갈 거야.
I'm going to go on a picnic.

 확장패턴 개념잡기

I'm not going to ~.   난 ~ 안 할 거야.

- 난 그를 초대 안 할 거야.
  I'm not going to invite him.
- 난 그 일에 대해 걱정 안 할 거야.
  I'm not going to worry about it.

패턴완성하기

아래 패턴 문장들을 mp3를 들으며 큰 소리로 따라 읽어보세요.

I'm going to — 난 ~할 거야 / 난 ~일 거야

- be 36 next year.
  내년에 36살이 되다
- cook some noodles for dinner.
  저녁식사로 면 요리를 하다
- visit a museum tomorrow.
  내일 박물관을 방문하다

I'm not going to — 난 ~ 안 할 거야

- exercise today.
  오늘 운동을 하다
- make fun of you again.
  널 다시 놀리다

REAL Situation

A: I'm going to have a date with Jane tonight.
B: Good luck on that!

A: It's 250 dollars. Take it or leave it.
B: What? I'm not going to pay that much money.

A: 나 오늘 밤 제인하고 데이트를 할 거야.
B: 데이트 잘 되길 바랄게.

A: 그건 250달러야. 싫으면 말고.
B: 뭐? 나 그렇게 많은 돈은 안 낼 거야.

46 PATTERN 너 ~할 거니?

Are you going to ~?

Are you going to ~? 패턴은 상대방에게 가까운 미래의 정해진 계획에 대해서 물을 때 사용할 수 있는 패턴입니다. Aren't you going to ~? 는 '너 ~안 할 거야?'란 뜻으로 왜 해야 하는데 안 하고 있냐는 뉘앙스를 담고 있습니다.

 기본패턴 개념잡기

너 새 차 살 **거니**?
Are you going to buy a new car?

너 머리 자를 **거니**?
Are you going to get a haircut?

너 내게 점심 사 줄 **거야**?
Are you going to treat me to lunch?

 확장패턴 개념잡기

Aren't you going to ~?   너 ~ 안 할 거야?

· 너 점심 안 먹을 거야?
  Aren't you going to have lunch?
· 너 불 안 끌 거야?
  Aren't you going to turn off the light?

패턴완성하기

아래 패턴 문장들을 mp3를 들으며 큰 소리로 따라 읽어보세요.

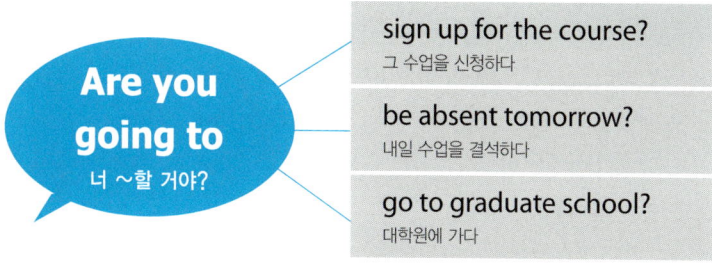

Are you going to
너 ~할 거야?

- sign up for the course?
  그 수업을 신청하다
- be absent tomorrow?
  내일 수업을 결석하다
- go to graduate school?
  대학원에 가다

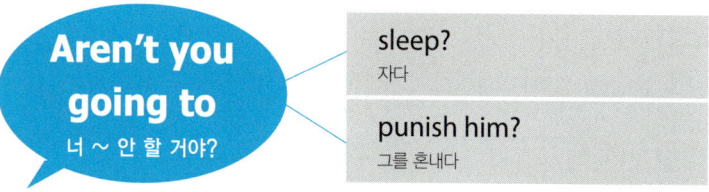

Aren't you going to
너 ~ 안 할 거야?

- sleep?
  자다
- punish him?
  그를 혼내다

REAL Situation

A: Are you going to sell your old stuff?

B: Yeah, so I'm going to have a garage sale this week.

A: Aren't you going to introduce me to your girlfriend?

B: Oh, where's my manner? I'm sorry.

A: 너 네 오래된 물건들을 팔 거니?
B: 응. 그래서 이번 주에 벼룩시장을 열거야.

A: 너 날 네 여자 친구에게 소개시켜 주지 않을 거야?
B: 아, 내 정신 좀 봐. 미안해.

PATTERN 47 나 ~하려고 했었어.

I was going to ~.

과거에 하려고 했던 행동에 대해 말할 때는 be going to의 과거형을 사용해서 말할 수 있습니다. 의문문의 경우 Were you going to~?의 패턴으로 말하면 됩니다.

 기본패턴 개념잡기

나 네게 전화하려고 했었어.
I was going to call you.

나 사실대로 말하려고 했었어.
I was going to come clean.

나 네게 문자 보내려고 했었어.
I was going to text you.

 확장패턴 개념잡기

Were you going to ~? 너 ~하려고 했었니?

- 너 날 도와주려고 했었니?
  Were you going to help me?
- 너 날 보려고 했었니?
  Were you going to see me?

132 UNIT 12

아래 패턴 문장들을 mp3를 들으며 큰 소리로 따라 읽어보세요.

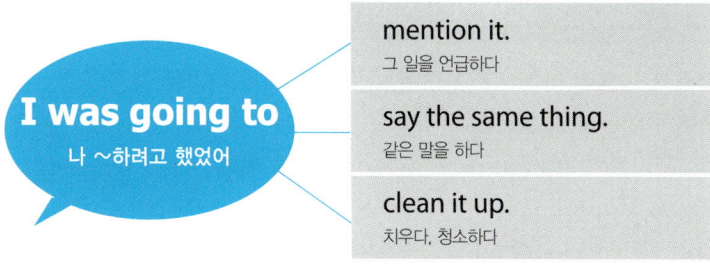

I was going to
나 ~하려고 했었어

- mention it.
  그 일을 언급하다
- say the same thing.
  같은 말을 하다
- clean it up.
  치우다, 청소하다

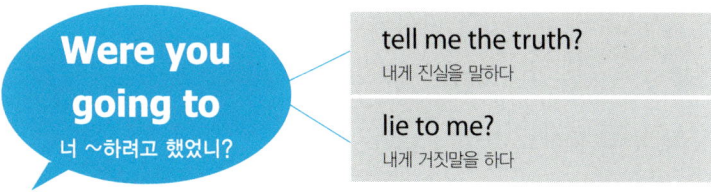

Were you going to
너 ~하려고 했었니?

- tell me the truth?
  내게 진실을 말하다
- lie to me?
  내게 거짓말을 하다

REAL Situation

A: You didn't show up yesterday. What happened?
B: I was going to ask you the same question.
A: Were you going to attend the conference?
B: Yes, I was. But something came up.

A: 너 어제 안 나타났더라. 무슨 일 있었어?
B: 나도 네게 같은 질문 하려고 했었어.

A: 너 그 회의에 참석하려고 했었니?
B: 응, 그랬지. 그런데 뭔가 일이 생겼어.

48 PATTERN 난 ~할 게.

I will + 동사 원형 ~.

조동사 will은 '~할 것이다'란 뜻으로 미래시제를 말할 때 사용합니다. 앞서 배운 be going to와 다른 점은 will은 '순간의 결심, 의지'를 말할 때 사용된 다는 점이죠. 물론 단순한 미래 예측 시에는 be going to / will 모두 사용될 수 있습니다. *ex)* I'm going to arrive soon. / I will arrive soon. 하지 않겠다고 말하고 싶을 때는 will에 not을 붙여 will not 또는 줄여서 won't라고 말하면 됩니다.

기본패턴 개념잡기

난 치즈버거 먹을게.   **I will** have a cheeseburger.

내가 문 열게.   **I will** get the door.

내가 나중에 전화할게.   **I will** call you later.

확장패턴 개념잡기

I won't ~ anymore. 나 더 이상 ~ 안 할거야.

· 나 더 이상 너 안 믿을 거야.
  I won't believe you anymore.
· 나 더 이상 수업에 빠지지 않을 거야.
  I won't skip classes anymore.

 **패턴완성하기**

아래 패턴 문장들을 mp3를 들으며 큰 소리로 따라 읽어보세요.

I'll
난 ~할 게

have a cafe latte.
카페라테를 마시다

become a real estate agent.
부동산 중개업자가 되다

be there on time.
제 시간에 거기 도착하다

I won't
나 더 이상 ~ 안 할거야

cry anymore.
울다

swear anymore.
욕하다

 **REAL Situation**

A: Good morning, what can I get you?
B: Hi, I'll have a chicken burger and french fries.

A: I won't give up anymore. I'll try again.
B: That's the spirit.

A: 좋은 아침입니다. 무엇을 가져다 드릴까요?
B: 안녕하세요. 저 치킨 버거랑 감자튀김 주세요.

A: 나 더 이상 포기하지 않을 거야. 다시 시도해 볼 거야.
B: 바로 그 정신이야!

EXERCISE

배웠던 대화 내용을 영어로 다시 말할 수 있는지 확인해 보세요.

1 A: 나 오늘 밤 제인하고 데이트를 할 거야. ▶ date 데이트
   B: Good luck on that!
   A: It's 250 dollars. Take it or leave it.
   B: What? 나 그렇게 많은 돈은 안 낼 거야. ▶ pay 지불하다

2 A: 너 네 오래된 물건들을 팔 거니? ▶ stuff 물건
   B: Yeah, so I'm going to have a garage sale this week.
   A: 너 날 네 여자 친구에게 소개시켜 주지 않을 거야?
      ▶ girlfriend 여자친구
   B: Oh, where's my manner? I'm sorry.

3 A: You didn't show up yesterday. What happened?
   B: 나도 네게 같은 질문 하려고 했었어. ▶ question 질문
   A: 너 그 회의에 참석하려고 했었니? ▶ conference 회의
   B: Yes, I was. But something came up.

4 A: Good morning, what can I get you?
   B: Hi, 저 치킨 버거랑 감자튀김 주세요. ▶ french fries 감자튀김
   A: 나 더 이상 포기하지 않을 거야. I'll try again. ▶ give up 포기하다
   B: That's the spirit.

왕초보! 한 번 쯤은 영어로 꼭 해보고 싶었던 말
베스트 4!
패턴으로 해결한다!

UNIT 13

(날씨가) 화창해.
It is sunny.

(날씨가) 비가 오니?
Is it rainy?

약 5분 걸려.
It takes 5 minutes.

얼마나 멀어?
How far is it?

49 PATTERN (날씨, 거리, 시간 등이) ~야.

It is ~.

It은 '그것'이란 뜻도 있지만 영어에서는 날씨, 거리, 시간 등을 말할 때 아무런 의미 없이 주어 자리에 It을 놓고 문장을 만들어 말합니다. 예를 들어, '추워요'는 It is cold.라 하고 '12시에요'란 말은 It's 12. 라고 말하는 것처럼 말이죠. It is는 줄여서 It's 라고 말할 수 있습니다.

 기본패턴 개념잡기

(날씨가) 화창해.	**It is** sunny.
(시간이) 한 시 정각이야.	**It is** one o'clock.
(거리가) 멀어.	**It is** far.

 확장패턴 개념잡기

It's ~ outside. 밖이 ~야.

- 밖이 바람이 많이 불어.   It's windy outside.
- 밖이 얼어 죽을 것 같이 추워.   It's freezing outside.

 **패턴완성하기**

아래 패턴 문장들을 mp3를 들으며 큰 소리로 따라 읽어보세요.

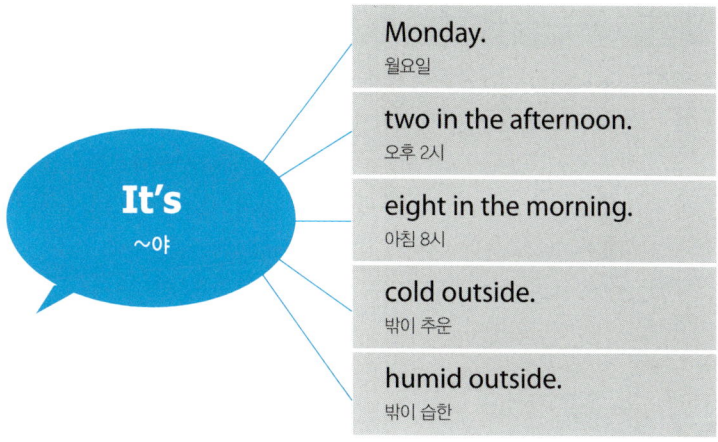

 REAL Situation

A: What time is it there?

B: It's 2:30 in the afternoon, and it's 4 o'clock in Seoul, right?

A: What's the weather like in Tokyo?

B: It's warm outside.

A: 거기 지금 몇 시야?
B: 오후 2:30야. 근데 서울은 4시잖아, 맞지?

A: 동경 날씨는 어때?
B: 따뜻해.

I'm Your Book

139

(날씨, 거리, 시간 등이) ~인가?

Is it ~?

현재의 날씨, 거리, 시간, 요일 등과 관련해서 질문을 할 때 Is it ~? 패턴을 사용해서 말할 수 있습니다. 앞에서 배웠듯 여기서 it은 '그것'이라고 해석하지 않아도 되지요. 'What + 명사'를 문두에 위치시켜서 좀 더 구체적인 질문을 던질 수도 있습니다. 예를 들어, What day is it? (무슨 요일이죠?)란 질문을 만들어 볼 수 있습니다.

기본패턴 개념잡기

(날씨가) 비가 오나?	**Is it** rainy?
(시간이) 7시 반 인가?	**Is it** 7:30?
(거리가) 먼가?	**Is it** far?

확장패턴 개념잡기

What + 명사 + is it? 무슨 ~ 야?

- 무슨 색깔이야?   What color is it?
- 몇 시야?   What time is it?

 **패턴완성하기**

아래 패턴 문장들을 mp3를 들으며 큰 소리로 따라 읽어보세요.

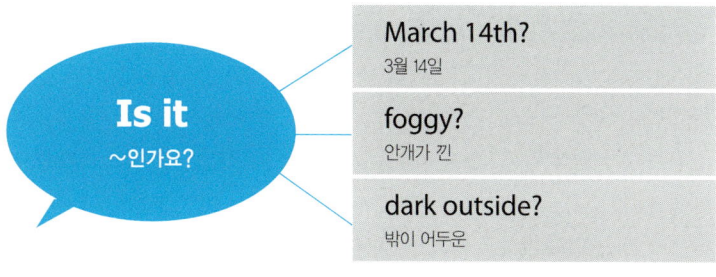

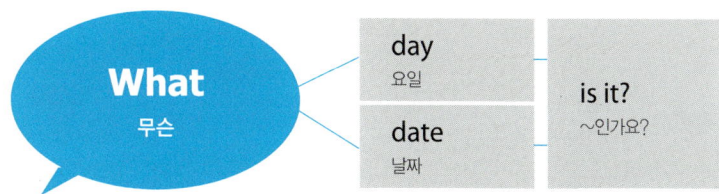

 **REAL Situation**

A: Is it Tuesday? What day is it today?

B: It's Wednesday, June 20th. It is my birthday today.

A: What temperature is it today?

B: I don't know, but it's very chilly outside.

A: 화요일인가? 오늘 무슨 요일이지?
B: 6월 20일, 수요일이야. 오늘이 내 생일이지.

A: 오늘 온도가 몇 도지?
B: 모르겠어. 하지만 밖이 굉장히 쌀쌀해.

51 PATTERN ~가 걸려.

It takes ~.

동사 take는 뒤에 목적어 자리에 '시간'을 취해서 그 정도의 시간이 '걸리다'란 의미를 전달할 수 있습니다. 시간을 말할 때 사용하는 의미를 가지지 않는 대명사 It을 놓은 후, It takes ~. 패턴으로 걸리는 시간을 표현할 수 있지요. 추가로 그 정도의 시간이 걸리는 데 필요한 교통수단을 언급하고 싶다면 전치사 by를 사용해서 말을 확장시킬 수 있습니다.

기본패턴 개념잡기

5분 걸려.	**It takes** 5 minutes.
한 시간 걸려.	**It takes** an hour.
오랜 시간이 걸려.	**It takes** a long time.

확장패턴 개념잡기

It takes ~ by '교통수단'. ...로 ~가 걸려.

- 버스로 20분 걸려. It takes 20 minutes by bus.
- 지하철로 한 시간 걸려. It takes an hour by subway.

 **패턴완성하기**

아래 패턴 문장들을 mp3를 들으며 큰 소리로 따라 읽어보세요.

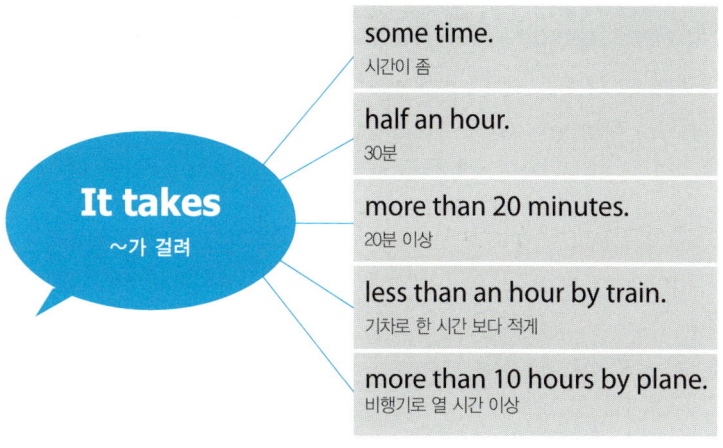

It takes
~가 걸려

some time.
시간이 좀

half an hour.
30분

more than 20 minutes.
20분 이상

less than an hour by train.
기차로 한 시간 보다 적게

more than 10 hours by plane.
비행기로 열 시간 이상

 **REAL Situation**

A: How long does it take to the airport?
B: It takes about half an hour by taxi.

A: How long does it take to City Hall?
B: It takes more than 40 minutes by subway.

A: 공항까지 얼마나 걸려?
B: 택시로 반시간 정도 걸려.

A: 시청까지 얼마나 걸려?
B: 지하철로 40분 이상 걸려.

52 PATTERN 얼마나 ~ 야?

How + 형용사 + is it?

의문사 how는 '얼마나' 또는 '어떻게'란 뜻을 가지고 있습니다. 뒤에 far(먼), long(긴), dark(어두운) 등과 같은 상태를 설명해주는 형용사를 연결시키면 '얼마나 ~한'이란 뜻을 만들지요. 주어 it을 사용해 상황, 날씨, 거리 등과 관련한 상태를 질문하고자 할 때 유용하게 사용할 수 있는 패턴입니다.

 기본패턴 개념잡기

얼마나 멀어?	**How** far **is it**?
얼마나 빨라?	**How** fast **is it**?
얼마나 어두워?	**How** dark **is it**?

 확장패턴 개념잡기

How far is it from A to B? A에서 B까지 얼마나 멀어?

- 서울에서 부산까지 얼마나 멀어?
  How far is it from Seoul to Busan?
- 여기서 당신 학교까지 얼마나 멀어?
  How far is it from here to your school?

 패턴완성하기

아래 패턴 문장들을 mp3를 들으며 큰 소리로 따라 읽어보세요.

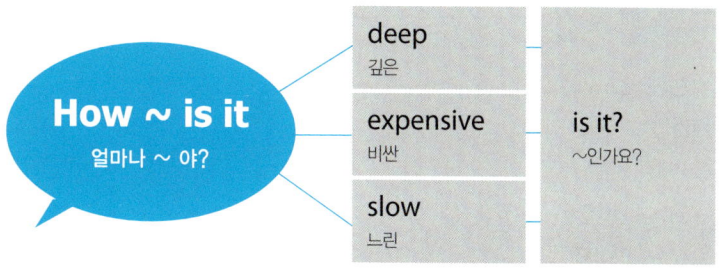

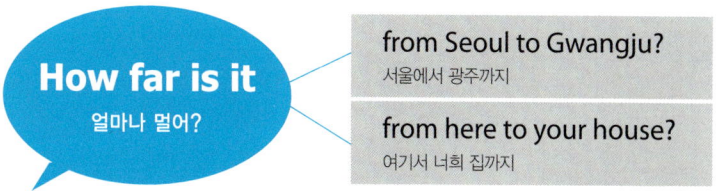

REAL Situation

A: That's an old pot. How old is it?

B: It's about 300 years old.

A: How far is it from here to the shopping mall?

B: It takes about 25 minutes by taxi.

A: 그거 오래된 냄비네. 얼마나 오래된 거지?
B: 300년 정도 된 거야.

A: 여기서 그 쇼핑몰까지 얼마나 멀어?
B: 택시로 약 25분 정도 걸려.

I'm Your Book

EXERCISE

배웠던 대화 내용을 영어로 다시 말할 수 있는지 확인해 보세요.

1. A: What time is it there?
   B: 오후 2:30야, and 서울은 4시잖아, right? ▶ afternoon 오후
   A: What's the weather like in Tokyo?
   B: 밖이 따뜻해. ▶ warm 따뜻한

2. A: 화요일인가? 오늘 무슨 요일이지? ▶ Tuesday 화요일
   B: It's Wednesday, June 20th. It is my birthday today.
   A: 오늘 온도가 몇 도지? ▶ temperature 온도, 기온
   B: I don't know, but it's very chilly outside.

3. A: How long does it take to the airport?
   B: 택시로 반시간 정도 걸려. ▶ taxi 택시
   A: How long does it take to City Hall?
   B: 전철로 40분 이상 걸려. ▶ subway 지하철

4. A: That's an old pot. 얼마나 오래된 거지? ▶ old 오래된
   B: It's about 300 years old.
   A: 여기서 그 쇼핑몰까지 얼마나 멀어? ▶ shopping mall 쇼핑몰
   B: It takes about 25 minutes by taxi.

왕초보! 한 번 쯤은 영어로 꼭 해보고 싶었던 말
**베스트 4!
패턴으로 해결한다!**

UNIT 14

나 멕시코 음식 먹어본 적 있어.
I have eaten Mexican food.

너 제주도에 가본 적 있어?
Have you been to Jeju Island?

나 이미 그 일 끝냈어.
I have already finished the work.

너 얼마나 오래 여기서 살았니?
How long have you lived here?

53 PATTERN

I have + 과거분사.

현재완료 시제인 'have[has] + 과거분사'는 경험을 말하고자 할 때 쓰이며 우리말 '~해본 적 있다'로 해석이 됩니다. 반드시 뒤에 동사의 과거분사형태가 위치해야 한다는 문법적 특징을 가지고 있지요. 부정형은 don't have 형태가 아니라 have not을 줄여서 haven't의 형태가 되어야 함을 꼭 기억하세요.

 기본패턴 개념잡기

> 나 멕시코 음식 먹어본 적 있어.
> **I have eaten** Mexican food.
>
> 나 그녀를 본 적 있어. **I have seen** her.
>
> 나 일본에 가본 적 있어. **I have been** to Japan.

 확장패턴 개념잡기

I haven't + 과거분사. 나 ~해본 적 없어.

- 나 이집트에 가본 적 없어.
  I haven't been to Egypt.
- 나 이 음식 시도해본 적 없어.
  I haven't tried this food.

 **패턴완성하기**

아래 패턴 문장들을 mp3를 들으며 큰 소리로 따라 읽어보세요.

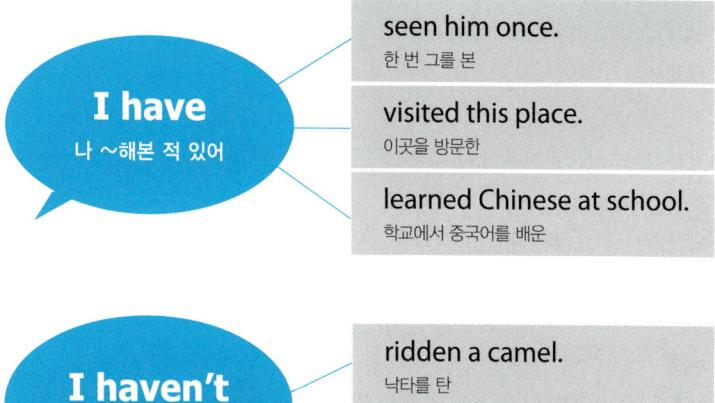

I have 나 ~해본 적 있어
- seen him once. 한 번 그를 본
- visited this place. 이곳을 방문한
- learned Chinese at school. 학교에서 중국어를 배운

I haven't 나 ~해본 적 없어
- ridden a camel. 낙타를 탄
- heard the news. 그 뉴스를 들은

 **REAL Situation**

A: I have been to San Francisco on a family trip.
B: It's a beautiful city, isn't it?
A: I have seen the movie The Lord of the Rings, but I haven't read the book.
B: Me, neither.

A: 가족 여행으로 샌프란시스코에 가본 적 있어.
B: 아름다운 도시잖아. 그렇지 않니?

A: 나 반지의 제왕 영화는 본 적 있는데, 책은 읽어본 적이 없어.
B: 나도 그래.

 I'm Your Book

54
PATTERN

Have you + 과거분사 ~?

현재완료 시제의 의문문은 주어 앞에 have[has]를 이동시켜서 말하면 됩니다. 즉, Have you ~? 패턴은 상대방에게 무언가를 해본 적이 있는지 경험 여부를 물을 때 사용할 수 있지요. '지금까지, 이제까지'란 뜻을 가진 부사 ever와 함께 즐겨 사용되고는 합니다.

 기본패턴 개념잡기

너 제주도에 가본 적 있어?
Have you been to Jeju Island?

너 그녀를 전에 본 적 있어?
Have you seen her before?

너 걔를 전에 만난 적 있어?
Have you met him before?

 확장패턴 개념잡기

Have you ever ~? 너 지금까지 ~해본 적 있어?

· 너 지금까지 하키 해본 적 있어?
  Have you ever played hockey?
· 너 지금까지 그거 해본 적 있어?
  Have you ever done it before?

패턴완성하기

아래 패턴 문장들을 mp3를 들으며 큰 소리로 따라 읽어보세요.

Have you 너 ~해본 적 있어?

- seen the movie? 그 영화를 본
- spoken to him? 그와 얘기해 본
- been to a casino? 카지노에 가본

Have you ever 너 지금까지 ~해본 적 있어?

- traveled abroad? 해외로 여행한
- thought about the issue? 그 문제를 생각한

REAL Situation

A: Have you heard the song, "Monster"?
B: Of course, I have. It's one of my favorite songs.

A: Have you ever studied Japanese before?
B: Yes, but it was for a very short time.

A: 너 "몬스터"란 노래 들어 봤어?
B: 당연히 있지. 내가 가장 좋아하는 노래 중 하나야.

A: 너 지금까지 전에 일본어 공부해본 적 있어?
B: 응, 하지만 아주 잠깐이었어.

PATTERN 55

I have already + 과거분사.

현재완료 시제는 부사 already(이미)와 함께 주로 쓰여, '이미 ~했다'는 완료의 의미를 전달하기도 합니다. 말 그대로 어떤 일을 지금 막, 완료했다는 뉘앙스를 강조해주는 표현 방법입니다. 반대로 부정문 형태로 부사 yet(아직)과 함께 쓰면 현재 기준으로 아직은 끝내지 못했다는 의미가 전달됩니다.

 기본패턴 개념잡기

나 이미 그 일 끝냈어.
I have already finished the work.

나 이미 양치 했어.
I have already brushed my teeth.

나 이미 표 취소했어.
I have already canceled the tickets.

 확장패턴 개념잡기

I haven't + 과거분사 yet. 나 아직 ~ 못 했어.

- 나 아직 그 일 못 끝냈어.   I haven't finished it yet.
- 나 아직 거기 못 가봤어.   I haven't been there yet.

 **패턴완성하기**

아래 패턴 문장들을 mp3를 들으며 큰 소리로 따라 읽어보세요.

I have already 나 이미 ~ 했어
- done my homework. 숙제를 한
- met him twice. 그를 두 번 만난
- washed the clothes once. 그 옷을 한 번 빨래한

I haven't 나 ~ 못했어
- told anyone yet. 아직 아무에게도 말한
- gotten a call yet. 아직 전화 한 통 받은

 REAL Situation

A: Have you ever been to Europe?
B: Yes, I have already traveled to 8 different countries.

A: I haven't come out of the bathroom yet.
B: You're constipated, right?

A: 너 유럽에 가본 적 있니?
B: 응, 나 이미 8개국이나 여행해 봤어.

A: 나 아직 화장실에서 나오지 못했어.
B: 너 변비구나, 그지?

56 PATTERN 너 얼마나 오래 ~ 했니?

How long have you + 과거분사?

현재완료시제는 과거의 어느 시점부터 바로 지금 이 순간까지 계속해서 일어나고 있는 사건을 설명할 때도 사용되어집니다. 우리말로 표현하자면 '(지금까지) ~해 왔어'란 의미가 전달되지요. 날씨가 지금까지 지속적으로 어떤 상태였음을 설명할 때도 유용하게 사용할 수 있는 표현방식입니다.

 기본패턴 개념잡기

너 얼마나 오래 여기서 살았니?
How long have you lived here?

너 얼마나 오래 여기서 일했니?
How long have you worked here?

너 얼마나 오래 그와 사귀었니?
How long have you dated him?

 확장패턴 개념잡기

It has + 과거분사. (날씨가) 계속 ~해왔어.

· 5일 동안 계속 비가 왔어. It has rained for five days.
· 20분 동안 계속 천둥이 쳤어.
  It has thundered for 20 minutes.

 **패턴완성하기**

아래 패턴 문장들을 mp3를 들으며 큰 소리로 따라 읽어보세요.

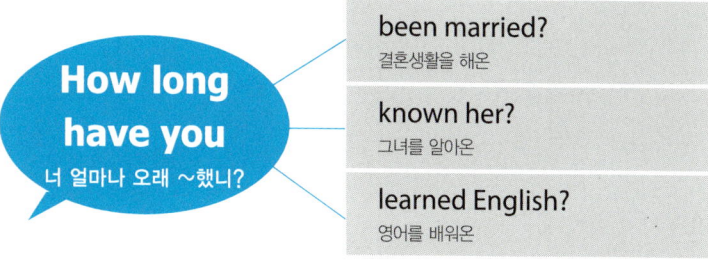

How long have you
너 얼마나 오래 ~했니?

- been married?
  결혼생활을 해온
- known her?
  그녀를 알아온
- learned English?
  영어를 배워온

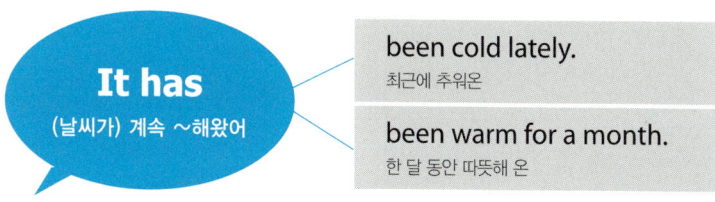

It has
(날씨가) 계속 ~해왔어

- been cold lately.
  최근에 추워온
- been warm for a month.
  한 달 동안 따뜻해 온

REAL Situation

A: How long have you been in Japan?
B: I have been here for 3 years.

A: It has snowed every day this month.
B: Yeah, winter sucks.

A: 너 얼마나 오래 일본에 있었니?
B: 여기 3년 동안 있었어요.

A: 이번 달에 계속 매일 눈이 내렸어.
B: 그러게. 겨울 정말 구려.

I'm Your Book

EXERCISE

배웠던 대화 내용을 영어로 다시 말할 수 있는지 확인해 보세요.

1. A: 가족 여행으로 샌프란시스코에 가본 적 있어. ▶ a family trip 가족 여행
   B: It's a beautiful city, isn't it?
   A: I have seen the movie The Lord of the Rings, but 책은 읽어본 적이 없어. ▶ book 책
   B: Me, neither.

2. A: 너 "몬스터"란 노래 들어 봤어? ▶ song 노래
   B: Of course, I have. It's one of my favorite songs.
   A: 너 지금까지 전에 일본어 공부해본 적 있어? ▶ Japanese 일본어
   B: Yes, but it was for a very short time.

3. A: Have you ever been to Europe?
   B: Yes, 응, 나 이미 8개국이나 여행해 봤어. ▶ travel 여행하다
   A: 나 아직 화장실에서 나오지 못했어. ▶ bathroom 화장실
   B: You're constipated, right?

4. A: 너 얼마나 오래 일본에 있었니? ▶ Japan 일본
   B: I have been here for 3 years.
   A: 이번 달에 계속 매일 눈이 내렸어. ▶ every day 매일
   B: Yeah, winter sucks.

왕초보! 한 번 쯤은 영어로 꼭 해보고 싶었던 말
베스트 4!
패턴으로 해결한다!

UNIT 15

그가 내게 책을 줬어.
He gave me a book.

그녀가 내게 편지를 보내줬어.
She sent me a letter.

그가 내게 커피를 사줬어.
He bought me coffee.

내가 새 걸로 하나 가져다줄게.
I'll get you a new one.

그가 내게 ~를 줬어.

He gave me + 명사.

동사 give는 뒤에 목적어를 두 개 취하여 'A에게 B를 주다'란 의미로 사용될 수 있습니다. 이러한 동사들을 수여동사라고 하지요. 동사 give 뒤의 첫 번째 목적어 해석을 '~에게' 두 번째 목적어 해석을 '~을/를'로 하는 것이 본 패턴의 핵심입니다.

 기본패턴 개념잡기

그가 내게 책을 줬어. **He gave me** a book.

그가 내게 돈을 좀 줬어.
He gave me some money.

그가 나를 냉대했어.
He gave me the cold shoulder.

 확장패턴 개념잡기

Did he give you ~? 그가 네게 ~를 줬니?

- 그가 네게 선물을 줬니?
  Did he give you a present?
- 그가 네게 그의 신용카드를 줬니?
  Did he give you his credit card?

패턴완성하기

아래 패턴 문장들을 mp3를 들으며 큰 소리로 따라 읽어보세요.

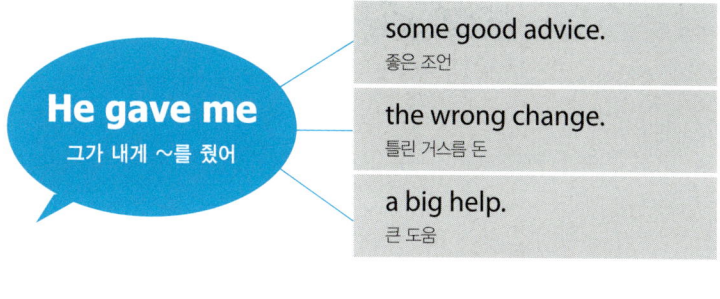

He gave me
그가 내게 ~를 줬어

some good advice.
좋은 조언

the wrong change.
틀린 거스름 돈

a big help.
큰 도움

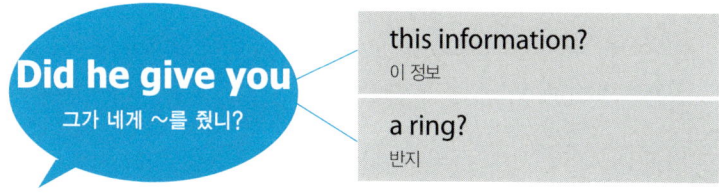

Did he give you
그가 네게 ~를 줬니?

this information?
이 정보

a ring?
반지

REAL Situation

A: What did the doctor say?
B: He said it was a cold. He gave me some medicine.

A: Did he give you a low grade?
B: Yes, he did. He said I missed too many classes.

A: 의사가 뭐라고 말했어?
B: 감기라고 했어. 내게 약을 좀 줬어.

A: 그가 네게 낮은 점수를 줬니?
B: 응, 그랬어. 내가 너무 수업을 많이 빠졌다고 말씀하시더라고.

PATTERN 58 그녀가 내게 ~를 보냈어.

She sent me + 명사.

앞서 배웠던 give와 마찬가지로 동사 send도 뒤에 목적어를 두 개 취하여 'A에게 B를 보내주다'란 의미를 전달할 수 있습니다. 동사 send 뒤의 첫 번째 목적어 해석을 '~에게' 두 번째 목적어 해석을 '~을/를'로 하는 것이 본 패턴의 핵심입니다.

 기본패턴 개념잡기

그녀가 내게 편지를 보냈어.
She sent me a letter.

그녀가 내게 이메일을 보냈어.
She sent me an email.

그녀가 내게 사진 한 장을 보냈어.
She sent me a photo.

 확장패턴 개념잡기

Did you send me ~? 너 내게 ~를 보냈니?

· 너 내게 꽃을 보냈니?
Did you send me flowers?

· 너 내게 엽서 보냈니?
Did you send me a postcard?

 패턴완성하기

아래 패턴 문장들을 mp3를 들으며 큰 소리로 따라 읽어보세요.

She sent me
그녀가 내게 ~를 보냈어

- a text message.
  문자 메시지
- some roses.
  장미꽃들
- some money.
  약간의 돈

Did you send me
너 내게 ~를 보냈니?

- the package?
  그 소포
- the reservation number?
  예약 번호

 **REAL Situation**

A: I have a blind date, and he sent me a photo of himself.
B: Is this him? He's cute!
A: Did you send me a friend request?
B: Yeah, I did. Why didn't you accept it?

A: 나 소개팅이 잡혀 있는데, 그 남자가 자기 사진을 내게 보내줬어.
B: 이게 그 남자야? 귀엽네!

A: 너 내게 친구 요청 보냈니?
B: 응, 그랬어. 왜 안 받아들여준 거야?

그가 내게 ~를 사줬어.

He bought me + 명사.

앞서 배웠던 give, send와 마찬가지로 동사 buy도 뒤에 목적어를 두 개 취하여 'A에게 B를 사주다'란 의미를 전달할 수 있습니다. 동사 buy 뒤의 첫 번째 목적어 해석을 '~에게' 두 번째 목적어 해석을 '~을/를'로 하는 것이 본 패턴의 핵심입니다.

 기본패턴 개념잡기

그가 내게 커피를 사줬어.
He bought me coffee.

그가 내게 자전거를 사줬어.
He bought me a bicycle.

그가 내게 스마트폰을 사줬어.
He bought me a smart phone.

 확장패턴 개념잡기

Will you buy me ~?   너 내게 ~ 사줄래?

- 너 내게 차를 사줄래?   Will you buy me a car?
- 너 내게 집을 사줄래?   Will you buy me a house?

아래 패턴 문장들을 mp3를 들으며 큰 소리로 따라 읽어보세요.

He bought me
그가 내게 ~를 사줬어

- a diamond ring.
  다이아몬드 반지
- a drink.
  술 한 잔
- some flowers and chocolate.
  꽃과 초콜릿

Will you buy me
너 내게 ~를 사줄래?

- lunch instead?
  대신에 점심
- an ice-cream?
  아이스크림

REAL Situation

A: Did you lose your phone?

B: Yeah, but I told my dad about it, and he bought me a new one.

A: I'm going to the grocery store. Do you need anything?

B: Will you buy me some cheese?

A: 니 폰 잃어 버렸니?
B: 응, 근데 아빠에게 말했더니 내게 새 걸로 사 주셨어.

A: 나 식료품점 가는 중이야. 필요한 거 있니?
B: 치즈 좀 사다 줄래?

내가 네게 ~를 가져다줄게.

I'll get you + 명사.

동사 get이 수여동사의 의미로 사용되어 목적어를 두 개 취하게 되면 'A에게 B를 가져다 주다'는 의미로 사용이 됩니다.
문맥에 따라서는 'A에게 B를 사다 주다'란 의미로도 사용이 되지요.

 기본패턴 개념잡기

내가 아스피린 좀 가져다줄게.
I'll get you some aspirin.

내가 커피 좀 가져다줄게.
I'll get you some coffee.

내가 다른 걸로 가져다줄게.
I'll get you another one.

 확장패턴 개념잡기

Will you get me ~? 내게 ~ 좀 가져다줄래?

• 내게 물 한 잔 좀 가져다줄래?
Will you get me a glass of water?
• 내게 과자 좀 가져다줄래?
Will you get me some cookies?

패턴완성하기

아래 패턴 문장들을 mp3를 들으며 큰 소리로 따라 읽어보세요.

I'll get you
내가 네게 ~를 가져다줄게

- some water. 물
- a cold drink. 차가운 음료수
- a new towel. 새 타월

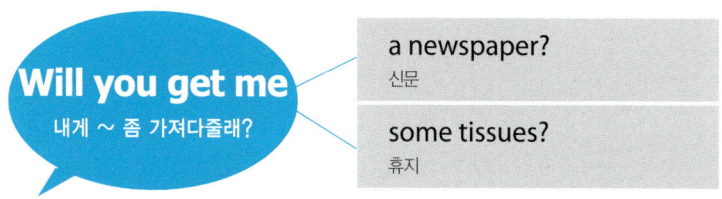

Will you get me
내게 ~ 좀 가져다줄래?

- a newspaper? 신문
- some tissues? 휴지

REAL Situation

A: There is a hair in my burger.
B: Oh, I'm really sorry. I'll get you a new one.

A: Will you get me another drink?
B: Sure. I'll be back right away.

A: 제 햄버거에 머리카락이 있네요.
B: 아, 정말 죄송합니다. 새 걸로 가져다 드릴게요.

A: 한 잔 더 가져다주실래요?
B: 물론이죠. 금방 돌아오겠습니다.

EXERCISE

배웠던 대화 내용을 영어로 다시 말할 수 있는지 확인해 보세요.

1. A: What did the doctor say?
   B: He said it was a cold. 내게 약을 좀 줬어.
   ▶ medicine 약
   A: 그가 네게 낮은 점수를 줬니? ▶ grade 점수
   B: Yes, he did. He said I missed too many classes.

2. A: I have a blind date, and 그 남자가 자기 사진을 내게 보내줬어. ▶ photo 사진
   B: Is this him? He's cute!
   A: 너 내게 친구 요청 보냈니? ▶ request 요청, 요구
   B: Yeah, I did. Why didn't you accept it?

3. A: Did you lose your phone?
   B: Yeah, but I told my dad about it, and 내게 새 걸로 사 주셨어. ▶ new 새로운
   A: I'm going to grocery store. Do you need anything?
   B: 치즈 좀 사다 줄래? ▶ cheese 치즈

4. A: There is a hair in my burger.
   B: Oh, I'm really sorry. 새 걸로 가져다 드릴게요.
   A: 한 잔 더 가져다주실래요? ▶ another drink 한 잔 더
   B: Sure. I'll be back right away.

왕초보! 한 번 쯤은 영어로 꼭 해보고 싶었던 말
**베스트 4!
패턴으로 해결한다!**

UNIT 16

나 기타 칠 수 있어.
I can play the guitar.

나 바다에서 수영 못해.
I can't swim in the sea.

너 탁구 칠 수 있어?
Can you play ping-pong?

나 그거 살 돈이 없었어.
I couldn't afford it.

PATTERN 61 나 ~할 수 있어.

I can + 동사 원형 ~.

조동사 can은 '~할 수 있다'는 가능, 능력을 나타내는 표현입니다. 반드시 뒤에는 동사원형이 위치해야 하지요. 주어의 수, 인칭에 관계없이 'can + 동사원형'의 기본 형태는 항상 유지가 되어야 합니다. 또한, can은 '~해도 된다'는 허가의 의미로 사용되기도 합니다.

기본패턴 개념잡기

난 기타 칠 수 있어. **I can** play the guitar.

난 자전거 탈 수 있어. **I can** ride a bike.

난 이 게임을 이길 수 있어. **I can** win this game.

확장패턴 개념잡기

You can ~ now.   너 이제 ~해도 돼.

- 너 이제 집에 가도 돼.   You can go home now.
- 너 이제 비디오 게임 해도 돼.
  You can play video games now.

 **패턴완성하기**

아래 패턴 문장들을 mp3를 들으며 큰 소리로 따라 읽어보세요.

I can
나 ~ 할 수 있어

- swim very well.
  수영을 매우 잘 하다
- speak three languages.
  3개 언어를 하다
- remember her name.
  그녀의 이름을 기억하다

You can
너 이제 ~해도 돼

- go outside now.
  이제 밖에 나가다
- have your ice-cream now.
  이제 아이스크림을 먹다

REAL Situation

A: I can speak English well.

B: Really? Oh, I envy you.

A: You can ask me questions now.

B: How old are you? You look very young.

A: 난 영어를 잘 해.
B: 정말? 아, 네가 부럽다.

A: 이제 제게 질문을 하셔도 돼요.
B: 몇 살이세요? 굉장히 어려 보이세요.

I'm Your Book

62 PATTERN 나 ~ 못 해.

> ## I can't + 동사 원형 ~.

조동사 can의 부정형은 뒤에 not을 붙여 cannot이라고 합니다. 줄여서 can't라고도 하지요. 역시 can't 뒤에는 동사원형이 위치해야 합니다. 또한, can't는 '~해서는 안 돼'라는 불허의 의미로 사용되기도 합니다. 추가로 '기다리다'는 뜻의 동사 wait을 붙이면 I can't wait! 즉, 뭔가를 하고 싶어서 기다릴 수 없을 정도로 기대됨을 전달할 수 있습니다.

 기본패턴 개념잡기

난 바다에서 수영 **못해**.
I can't swim in the sea.

나 이 문 **못 열어**.
I can't open this door.

나 엄마에게 거짓말 **못해**.
I can't lie to my mother.

 확장패턴 개념잡기

I can't wait to + 동사원형 ~.   나 너무[빨리] ~하고 싶어.

• 나 네가 너무 보고 싶어.   I can't wait to see you.
• 나 너무 거기 가고 싶어.   I can't wait to go there.

 패턴완성하기

아래 패턴 문장들을 mp3를 들으며 큰 소리로 따라 읽어보세요.

I can't
나 ~ 못 해

play chess.
체스를 하다

buy a new smart phone now.
지금 새 스마트폰을 사다

do it alone.
혼자서 그 일을 하다

I can't wait to
나 너무[빨리] ~하고 싶어

visit your parents.
너의 부모님을 방문하다

go to college.
대학에 가다

 REAL Situation

A: I can make many different dishes. How about you?

B: Well, I can't cook well. I can only make fried rice.

A: What time is it now?

B: It's seven thirty. Oh, I can't wait to see the concert.

A: 난 많은 다양한 요리들을 할 수 있어. 넌 어때?
B: 음, 난 요리를 못 해. 난 볶음밥만 만들 줄 알아.

A: 지금 몇 시지?
B: 7시 반. 아, 콘서트 빨리 보고 싶어.

PATTERN 63 너 ~ 할 수 있어?

Can you + 동사 원형 ~?

상대방에게 무언가를 해 달라고 요청할 때 Can you ~? 패턴으로 질문을 던질 수 있습니다. 반면에 상대방에게 내가 무언가를 해도 되는지 허락을 구할 때는 Can I ~? 패턴으로 질문을 던질 수 있지요. 이때는 좀 더 정중한 표현인 May I ~?로 바꿔 말할 수도 있습니다.

 기본패턴 개념잡기

너 탁구 **칠 수 있어**?
Can you play ping-pong?

너 스페인어 **할 수 있어**?
Can you speak Spanish?

너 콜라 좀 내게 가져다 **줄 수 있어**?
Can you get me a coke?

 확장패턴 개념잡기

Can I ~?   나 ~해도 돼?

- 나 아이스크림 먹어도 돼?
  Can I have an ice-cream?
- 나 네 지우개 빌려도 돼?
  Can I borrow your eraser?

 **패턴완성하기**

아래 패턴 문장들을 mp3를 들으며 큰 소리로 따라 읽어보세요.

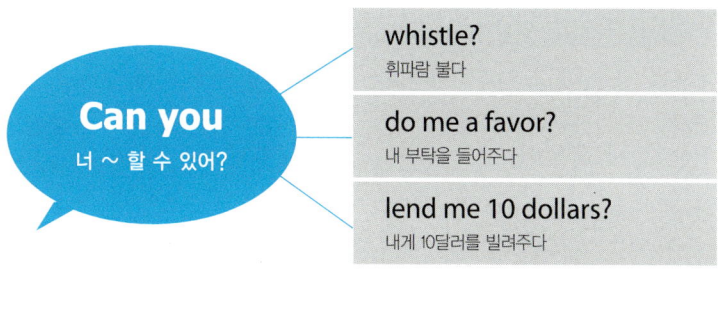

Can you
너 ~ 할 수 있어?

- whistle?
  휘파람 불다
- do me a favor?
  내 부탁을 들어주다
- lend me 10 dollars?
  내게 10달러를 빌려주다

Can I
나 ~해도 돼?

- tag along?
  따라 가다
- come in?
  들어가다

REAL Situation

A: I should go to the bathroom. Can you keep an eye on my bags?
B: Sure. Go ahead.

A: Can I have another slice of pizza?
B: Sure. Help yourself.

A: 나 화장실 가야 해. 내 가방들 좀 봐줄래?
B: 물론이지. 갔다 와.

A: 나 피자 한 조각 더 먹어도 돼?
B: 물론이지. 마음껏 먹어.

I'm Your Book

64 PATTERN 나 ~ 할 수 없었어.

I couldn't ~.

조동사 could는 '~할 수 있었다'란 뜻으로 can의 과거형 표현입니다. 그러므로 과거에 할 수 없었던 일을 말할 때는 "I couldn't ~" 패턴을 사용하면 되지요. 또, could는 상대방에게 무언가를 요청할 때 can보다 좀 더 공손한 의미를 전달하기도 합니다.

기본패턴 개념잡기

나 그를 찾을 수가 없었어.
I couldn't find him.

나 전혀 이해할 수가 없었어.
I couldn't understand at all.

나 그것을 살 돈이 없었어.
I couldn't afford it.

확장패턴 개념잡기

Could you ~? ~해 주시겠어요?

• 문 좀 열어주시겠어요?
  Could you open the door?
• 선물로 포장해 주시겠어요?
  Could you wrap it up as a gift?

패턴완성하기

아래 패턴 문장들을 mp3를 들으며 큰 소리로 따라 읽어보세요.

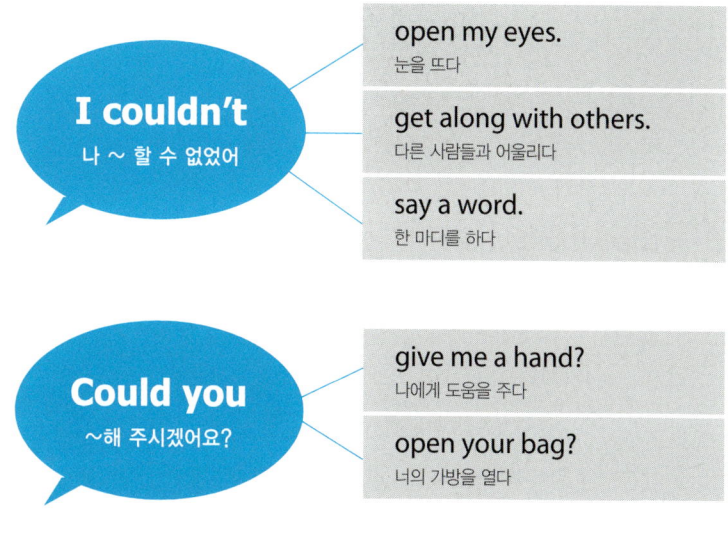

I couldn't
나 ~ 할 수 없었어

- open my eyes.
  눈을 뜨다
- get along with others.
  다른 사람들과 어울리다
- say a word.
  한 마디를 하다

Could you
~해 주시겠어요?

- give me a hand?
  나에게 도움을 주다
- open your bag?
  너의 가방을 열다

REAL Situation

A: How are you feeling today?
B: Terrible. I couldn't sleep at all.

A: Could you pass me the salt?
B: Sure. Here you are.

A: 오늘 기분 어때?
B: 엉망이야 . 나 전혀 잘 수가 없었어.

A: 소금 좀 건네주시겠어요?
B: 그럼요. 여기요.

EXERCISE

배웠던 대화 내용을 영어로 다시 말할 수 있는지 확인해 보세요.

1 A: 난 영어를 잘 해. ▶ English 영어

B: Really? Oh, I envy you.

A: 이제 제게 질문을 하셔도 돼요. ▶ question 질문

B: How old are you? You look very young.

2 A: I can make many different dishes. How about you?

B: Well, 난 요리를 못 해. I can only make fried rice.
   ▶ cook 요리하다

A: What time is it now?

B: It's seven thirty. Oh, 콘서트 빨리 보고 싶어.
   ▶ concert 콘서트

3 A: I should go to the bathroom. 내 가방들 좀 봐줄래?
   ▶ bag 가방

B: Sure. Go ahead.

A: 나 피자 한 조각 더 먹어도 돼? ▶ a slice of pizza 피자 한 조각

B: Sure. Help yourself.

4 A: How are you feeling today?

B: Terrible. 나 전혀 잘 수가 없었어. ▶ sleep (잠을) 자다

A: 소금 좀 건네 주시겠어요? ▶ salt 소금

B: Sure. Here you are.

왕초보! 한 번 쯤은 영어로 꼭 해보고 싶었던 말
**베스트 4!
패턴으로 해결한다!**

UNIT 17

난 유니폼을 입어야 해.
I must wear a uniform.

그는 바보임이 틀림없어.
He must be an idiot.

이거 입어봐도 될까요?
May I try this on?

그는 직업을 바꿀지도 몰라.
He may change his job.

65 PATTERN 나 ~해야만 해.

I must + 동사 원형 ~.

조동사 must는 should, have to 보다 더 강력한 의무의 뉘앙스를 담고 있는 표현입니다. 상대방에게 '너 꼭 ~를 해야 해'라고 말할 때는 must를 사용하는 게 적절합니다. must의 부정형은 must not, 줄여서 mustn't라고 합니다. 정말 강력하게 상대방에게 무언가를 하지 말라고 말할 때는 You mustn't ~. 패턴으로 말하면 됩니다.

기본패턴 개념잡기

나 유니폼을 입어야 해. **I must** wear a uniform.

나 Tom과 통화를 해야 해.
　　　　　　　　　I must speak with Tom.

나 이 말은 해야겠어. **I must** say this.

확장패턴 개념잡기

You mustn't ~. 너 절대로 ~해서는 안 돼.

· 너 그분을 화나게 해선 안 돼.
　You mustn't upset her.
· 너 절대로 시끄럽게 해선 안 돼.
　You mustn't make any noise.

 **패턴완성하기**

아래 패턴 문장들을 mp3를 들으며 큰 소리로 따라 읽어보세요.

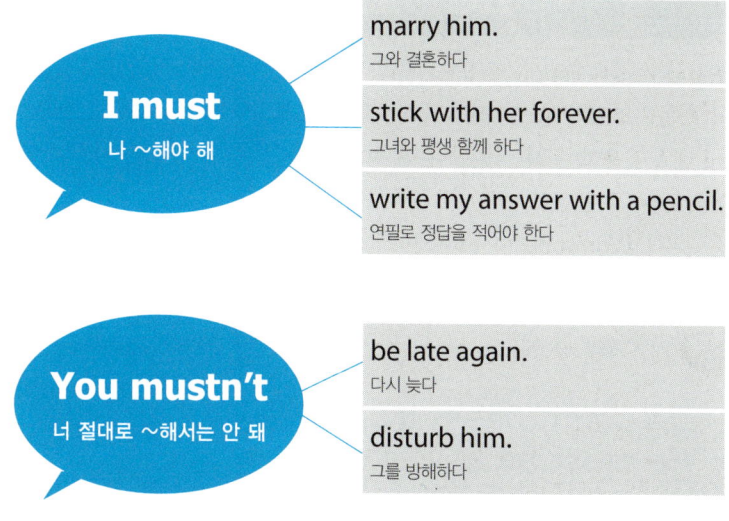

I must
나 ~해야 해

- marry him.
  그와 결혼하다
- stick with her forever.
  그녀와 평생 함께 하다
- write my answer with a pencil.
  연필로 정답을 적어야 한다

You mustn't
너 절대로 ~해서는 안 돼

- be late again.
  다시 늦다
- disturb him.
  그를 방해하다

 REAL Situation

A: I'm sorry, but I must turn down your offer.
B: Please give it a second thought.

A: You mustn't bring food in the art gallery.
B: Oh, I'm sorry. I didn't know.

A: 미안하지만, 나 네가 제안해 준 내용을 거절해야 해.
B: 제발 한 번 더 생각해주라.

A: 너 절대로 미술관에 음식을 가져와서는 안 돼.
B: 아, 미안해. 몰랐어.

PATTERN 66 그는 ~임이 틀림없어.

He must be ~.

must는 앞서 배운 '~해야 한다'는 뜻 외에도 '~임에 틀림없다'는 강한 추측을 나타내기도 합니다. 뒤에는 역시 동사원형이 와야하므로 형용사나 명사와 함께 올때는 be와 함께 씁니다.

 기본패턴 개념잡기

그는 바보임이 틀림없어.
He must be an idiot.

그가 네 아빠임이 틀림없어.
He must be your father.

그는 굉장히 배가 고픔이 틀림없어.
He must be very hungry.

 확장패턴 개념잡기

It must be ~. 그건 ~임이 틀림없어.

- 그건 사랑임이 틀림없어.   It must be love.
- 그건 재미있음이 틀림없어.   It must be interesting.

패턴완성하기

아래 패턴 문장들을 mp3를 들으며 큰 소리로 따라 읽어보세요.

He must be
그는 ~임이 틀림없어

- mad at me.
  나에게 화가 난
- really stupid.
  정말로 멍청한
- a lawyer.
  변호사

It must be
그건 ~임이 틀림없어

- fate.
  운명
- very expensive.
  광장히 비싼

REAL Situation

A: Look, Jay drives a beemer.
B: Wow, he must be very rich.

A: There must be a shortcut. Look around carefully.
B: Look, there's another road. It must be the shortcut.

A: 봐봐, 제이 BMW 몬다.
B: 와우, 쟤 엄청 부자인 게 틀림없구나.

A: 지름길이 있음이 틀림없어. 신경 써서 주위를 둘러 봐.
B: 저기 봐, 또 다른 길이 있어. 그게 지름길임이 틀림없어.

PATTERN 67 ~해도 될까요?

May I ~?

조동사 may는 '~해도 좋다'는 허락의 의미를 가지고 있습니다. 상대방에게 자신이 무언가를 해도 괜찮은 지 여부를 허락받고자 할 때 May I ~? 패턴으로 질문을 던지면 됩니다. Can I ~? 패턴보다 더 공손함의 정도가 높다고 생각하시면 됩니다. 같은 맥락에서 상대방에게 '~해도 좋다'고 허가를 할 때는 You may ~. 패턴을 사용해서 문장을 만들 수 있습니다.

기본패턴 개념잡기

이거 입어 봐도 될까요? **May I** try this on?

귀하의 여권을 봐도 될까요?
　　　　　　　　May I see your passport?

뭐 좀 물어봐도 될까요? **May I** ask a question?

확장패턴 개념잡기

You may ~. ~하셔도 됩니다.

· 라디오를 끄셔도 됩니다.
　You may turn off the radio.
· 제 핸드폰을 사용하셔도 됩니다.
　You may use my cell phone.

아래 패턴 문장들을 mp3를 들으며 큰 소리로 따라 읽어보세요.

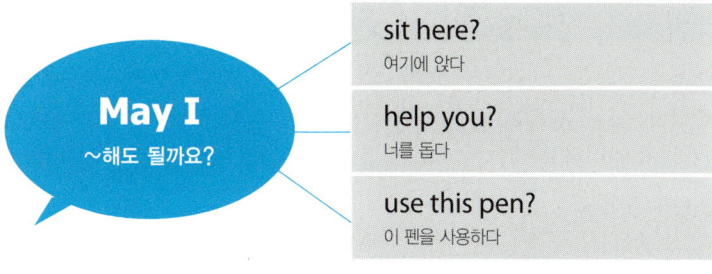

May I
~해도 될까요?

- sit here?
  여기에 앉다
- help you?
  너를 돕다
- use this pen?
  이 펜을 사용하다

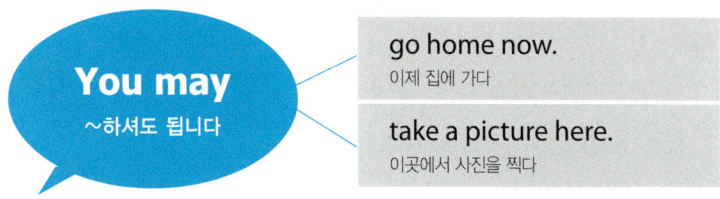

You may
~하셔도 됩니다

- go home now.
  이제 집에 가다
- take a picture here.
  이곳에서 사진을 찍다

REAL Situation

A: May I use your tablet PC?
B: I'm sorry, but I left it at home.
A: Mr. Brown is in the office. You may go inside.
B: Thank you.

A: 네 태블릿 PC 사용해도 되니?
B: 미안한데, 집에 놔두고 왔어.

A: 브라운 씨가 사무실에 계십니다. 들어가셔도 돼요.
B: 감사합니다.

PATTERN 68 그는 ~할지도 몰라.

He may ~.

조동사 may는 '~일지도 모른다'라는 약한 추측의 의미를 나타내기도 합니다. may 대신에 might를 써서 좀 더 확신의 정도가 낮은 추측을 나타낼 수도 있지요. '~가 아닐지도 모른다'라고 부정할 때는 may 뒤에 not을 붙여 말할 수 있습니다.

기본패턴 개념잡기

그는 직업을 바꿀지도 몰라.
He may change his job.

그는 사무실에 있을지도 몰라.
He may be in his office.

그의 말이 맞을지도 몰라.
He may be right.

확장패턴 개념잡기

It may not ~. ~가 아닐지도 몰라.

- 그건 사실이 아닐지도 몰라. It may not be true.
- 내일 비가 안 올지도 몰라. It may not rain tomorrow.

패턴완성하기

아래 패턴 문장들을 mp3를 들으며 큰 소리로 따라 읽어보세요.

He may
그는 ~일지도 몰라

- see you after 3.
  3시 이후에 널 보다
- be disappointed in you.
  너에게 실망하다
- fall in love with me.
  나와 사랑에 빠지다

It may not
~가 아닐지도 몰라

- be his wallet.
  그의 지갑이다
- taste good.
  맛이 있다

REAL Situation

A: Don't worry. He may call you tomorrow.
B: I don't think so. He clearly doesn't like me.

A: Should we take a taxi?
B: It may not be too far. Let's just walk.

A: 걱정하지 마. 그는 내일 네게 전화할지도 몰라.
B: 그럴 것 같지 않아. 그는 분명 날 좋아하지 않아.

A: 우리 택시 타야 하나?
B: 그렇게 멀지 않을지도 몰라. 그냥 걷자.

EXERCISE

배웠던 대화 내용을 영어로 다시 말할 수 있는지 확인해 보세요.

1 A: **I'm sorry, but** 나 네가 제안해 준 내용을 거절해야 해.
▶ offer 제안

B: **Please give it a second thought.**

A: 너 절대로 미술관에 음식을 가져와서는 안 돼. ▶ art gallery 미술관

B: **Oh, I'm sorry. I didn't know.**

2 A: **Look, Jay drives a beemer.**

B: **Wow,** 쟤 엄청 부자인 게 틀림 없구나. ▶ rich 부자인, 부유한

A: **There must be a shortcut. Look around carefully.**

B: **Look, there's another road.** 그게 지름길임이 틀림없어.
▶ shortcut 지름길

3 A: 네 태블릿 PC 사용해도 되니? ▶ tablet PC 태블릿 PC

B: **I'm sorry, but I left it at home.**

A: **Mr. Brown is in the office.** 들어가셔도 돼요.
▶ go inside 안으로 들어가다

B: **Thank you.**

4 A: **Don't worry.** 그는 내일 네게 전화할 지도 몰라. ▶ call 전화하다

B: **I don't think so. He clearly doesn't like me.**

A: **Should we take a taxi?**

B: 그렇게 멀지 않을지도 몰라. **Let's just walk.** ▶ far 멀리

왕초보! 한 번 쯤은 영어로 꼭 해보고 싶었던 말
**베스트 4!
패턴으로 해결한다!**

UNIT 18

너 조심해서 운전해야 해.
You should drive carefully.

나 그의 제안을 받아 들여야 할까?
Should I take his offer?

나 이제 집에 가봐야 해.
I have to go home now.

너 서두르는 게 좋을 거야.
You'd better hurry.

PATTERN 69 너 ~해야 해.

You should + 동사 원형 ~.

조동사 should는 '~해야 한다, ~하는 것이 좋다'는 뜻으로 권유, 충고의 의미를 담고 있습니다. '너 ~해선 안 돼'란 뜻의 부정문은 not을 붙여서 You should not ~. 또는 줄여서 You shouldn't ~. 패턴으로 말할 수 있습니다.

기본패턴 개념잡기

너 조심해야 해.
You should be careful.

너 조심해서 운전해야 해.
You should drive carefully.

너 다른 사람들을 도와야 해.
You should help other people.

확장패턴 개념잡기

You shouldn't ~. 너 ~해선 안 돼.

- 너 너무 늦게 자선 안 돼.
  You shouldn't go to bed so late.
- 너 너무 많이 먹어선 안 돼.
  You shouldn't eat too much.

패턴완성하기

아래 패턴 문장들을 mp3를 들으며 큰 소리로 따라 읽어보세요.

You should (너 ~해야 해)

- listen to other people.
  다른 사람들 말을 듣다
- apologize to him.
  그에게 사과하다
- get this jacket.
  이 재킷을 사다

You shouldn't (너 ~해선 안 돼)

- drive fast.
  빨리 운전하다
- believe the rumors.
  소문을 믿다

REAL Situation

A: I have a fever.

B: You should see a doctor.

A: You shouldn't eat junk food. It's not healthy.

B: I know. But I can't help it. It's delicious!

A: 나 열이 나.
B: 너 병원에 가봐야 해.

A: 너 불량식품을 먹어선 안 돼. 건강에 안 좋다고.
B: 나도 알아. 하지만 어쩔 수가 없어. 맛있거든!

I'm Your Book

PATTERN 70 나 ~해야 할까?

Should I + 동사 원형 ~?

조동사 should의 의문문은 주어 앞으로 should를 이동시켜서 말하면 됩니다. 즉, Should I ~?라고 질문할 수 있습니다. 또한, 상대방이 무언가를 해야 하는데 하고 있지 않는 경우, '너 ~해야 하지 않니?' 라는 뜻의 Shouldn't you ~? 패턴으로 질문을 던질 수 있습니다.

기본패턴 개념잡기

나 그의 제안을 받아들여야 할까?
Should I take his offer?

나 그녀를 차버려야 할까?
Should I dump her?

나 정문을 잠궈야 할까?
Should I lock the front door?

확장패턴 개념잡기

Shouldn't you ~?   너 ~해야 하지 않니?

- 너 그녀에게 먼저 전화해야 하지 않니?
  Shouldn't you call her first?
- 너 학교에 있어야 하지 않니?
  Shouldn't you be in school?

 **패턴완성하기**

아래 패턴 문장들을 mp3를 들으며 큰 소리로 따라 읽어보세요.

Should I
나 ~해야 할까?

- **email the file to you?**
  파일을 네게 이메일로 보내다
- **call you back later?**
  나중에 다시 네게 전화하다
- **stay up all night?**
  밤을 새다

Shouldn't you
너 ~해야 하지 않니?

- **be at work?**
  회사에 있다
- **make a reservation for dinner?**
  저녁식사 예약을 하다

 REAL Situation

A: I'm going downtown. Should I get off at the next stop?

B: No, it's two more stops away.

A: Shouldn't you go to the post office?

B: No, I can post things at the convenience store, too.

A: 저 시내로 가는데요. 다음 정거장에서 내려야 하나요?
B: 아뇨. 두 정거장 더 가야 합니다.

A: 너 우체국에 가봐야 하는 거 아냐?
B: 아니, 편의점에서도 소포를 보낼 수 있어.

PATTERN 71 나 ~해야 해.

I have to + 동사 원형 ~.

have to는 '~해야 한다'는 뜻으로 must와 거의 비슷할 정도로 강한 의무를 담고 있는 표현입니다. 단, 과거형이 존재하지 않는 must와 달리 had to(~해야 했다)를 쓸 수 있지요. 하지만 부정형인 don't[doesn't] have to는 '~하지 말아야 한다'가 아니라 '~할 필요가 없다'는 뜻이죠.

 기본패턴 개념잡기

나 이제 집에 가봐야 해.
I have to go home now.

나 이 약을 먹어야 해.
I have to take this medicine.

나 오늘 밤 야근해야 해.
I have to work late tonight.

 확장패턴 개념잡기

You don't have to ~. 너 ~할 필요 없어.

• 너 내게 감사할 필요 없어.
You don't have to thank me.
• 너 날 집까지 태워다 줄 필요 없어.
You don't have to drive me home.

 **패턴완성하기**

아래 패턴 문장들을 mp3를 들으며 큰 소리로 따라 읽어보세요.

I have to
나 ~해야 해

- go to the dentist.
  치과에 가다
- get up at 5.
  5시에 일어나다
- finish this by tomorrow.
  내일까지 이 일을 끝내다

You don't have to
너 ~할 필요 없어

- take off your shoes.
  신발을 벗다
- arrive on time.
  제 시간에 도착하다

 REAL Situation

A: There are no buses. We have to walk home.

B: But my feet hurt!

A: I'm really sorry. It's all my fault.

B: It's okay. You don't have to apologize.

A: 버스가 없네. 우리 집까지 걸어가야 해.
B: 하지만 나 발 아프다고!

A: 정말 미안해. 모두 내 잘못이야.
B: 괜찮아. 너 사과할 필요 없어.

PATTERN 72 너 ~하는 게 좋을 거야.

You'd better + 동사 원형 ~.

had better는 '~하는 편이 낫다, ~하는 게 좋겠다'는 뜻의 충고, 또는 경고의 의미를 나타내며 주어 뒤에 줄여서 'd better로 쓰이기도 합니다. 또한 used to는 지금은 아니지만 과거에 '~하곤 했었다'는 뜻으로 과거의 습관, 추억, 경험 등을 말할 때 사용할 수 있는 표현입니다.

기본패턴 개념잡기

너 서두르는 게 좋을 거야.
You'd better hurry.

너 택시를 타는 게 좋을 거야.
You'd better take a taxi.

너 내게 거짓말 않는 게 좋을 거야.
You'd better not lie to me.

확장패턴 개념잡기

I used to ~. 난 ~하곤 했었어.
· 난 담배피곤 했었어.   I used to smoke.
· 난 애완용 동물이 있었어.   I used to have a pet.

 패턴완성하기

아래 패턴 문장들을 mp3를 들으며 큰 소리로 따라 읽어보세요.

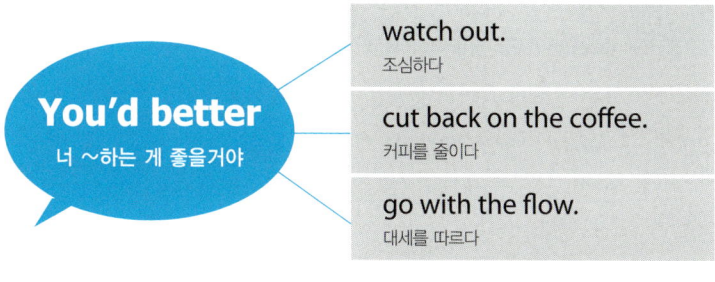

You'd better
너 ~하는 게 좋을거야

- watch out.
  조심하다
- cut back on the coffee.
  커피를 줄이다
- go with the flow.
  대세를 따르다

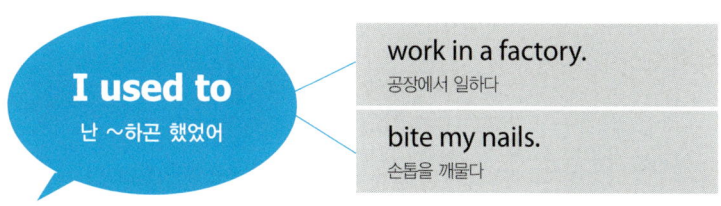

I used to
난 ~하곤 했었어

- work in a factory.
  공장에서 일하다
- bite my nails.
  손톱을 깨물다

REAL Situation

A: It's freezing outside. You'd better bundle up.

B: Don't worry. I dressed in layers.

A: Wow, you fixed the computer. I'm surprised!

B: I used to be a computer technician. Didn't you know?

A: 밖에 엄청 추워. 옷 두툼하게 입는 게 좋을 거야.
B: 걱정하지 마. 겹겹이 입었어.

A: 와, 네가 컴퓨터 고쳤구나. 놀랐는걸!
B: 나 컴퓨터 기술자였잖아. 몰랐어?

I'm Your Book

EXERCISE

배웠던 대화 내용을 영어로 다시 말할 수 있는지 확인해 보세요.

1 A: I have a fever.
　 B: 너 병원에 가봐야 해. ▶ see a doctor 의사를 만나다(진찰받다)
　 A: 너 불량식품을 먹어선 안 돼. It's not healthy.
　　 ▶ junk food 정크 푸드, 불량식품
　 B: I know. But I can't help it. It's delicious!

2 A: I'm going downtown. 다음 정거장에서 내려야 하나요?
　　 ▶ stop 정거장
　 B: No, it's two more stops away.
　 A: 너 우체국에 가봐야 하는 거 아냐? ▶ post office 우체국
　 B: No, I can post things at the convenience store, too.

3 A: There are no buses. 우리 집까지 걸어가야 해. ▶ walk 걷다
　 B: But my feet hurt!
　 A: I'm really sorry. It's all my fault.
　 B: It's okay. 너 사과할 필요 없어. ▶ apologize 사과하다

4 A: It's freezing outside. 옷 두둑하게 입는 게 좋을 거야.
　　 ▶ bundle up 껴입다
　 B: Don't worry. I dressed in layers.
　 A: Wow, you fixed the computer. I'm surprised!
　 B: 나 컴퓨터 기술자였잖아. Didn't you know?
　　 ▶ computer technician 컴퓨터 기술자

왕초보나 한 번 쯤은 영어로 꼭 해보고 싶었던 말
베스트 4!
패턴으로 해결한다!

UNIT 19

나 그에게 관심 있어.
I'm interested in him.

나 내 일이 지겨워.
I'm bored with my job.

나 네게 실망했어.
I'm disappointed with you.

난 내 일에 만족해.
I'm satisfied with my job.

73 PATTERN 나 ~에 관심 있어.

I'm interested in + 명사.

동사 interest는 '~에게 흥미(관심)을 유발시키다'란 뜻의 감정동사 중 하나입니다. 감정동사에 -ing를 붙이면 '~하는'이란 뜻의 현재 분사가 되고, -ed를 붙여서 과거분사로 만들면 '~된, ~당한, ~되어진'으로 해석이 됩니다. 즉, interesting은 '~에게 흥미를 유발시키는'이란 뜻이 되는 반면, interested는 '흥미가 유발된, 흥미 유발을 당한'이란 뜻이 됩니다.

기본패턴 개념잡기

나 그에게 관심 있어. **I'm interested in** him.

나 와인에 관심 있어. **I'm interested in** wine.

나 그 일에 관심 있어.
I'm interested in that job.

확장패턴 개념잡기

~ is interesting. ~는 재미있어.

- 이 책은 재미있어. This book is interesting.
- 그의 삶은 재미있어. His life is interesting.

패턴완성하기

아래 패턴 문장들을 mp3를 들으며 큰 소리로 따라 읽어보세요.

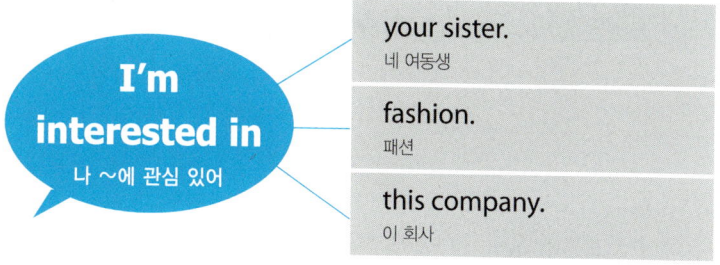

I'm interested in
나 ~에 관심 있어

- your sister. 네 여동생
- fashion. 패션
- this company. 이 회사

- Real life 현실
- History 역사

is interesting.
~는 재미있어

REAL Situation

A: What are you interested in these days?
B: I'm interested in cooking these days.

A: James is interested in Susan.
B: That is interesting, because he already has a girlfriend.

A: 요즘 관심사가 뭐야?
B: 나 요즘 요리에 관심 있어.

A: 제임스는 수잔에게 관심 있어.
B: 그거 재미있네. 왜냐면 그는 이미 여자친구가 있거든.

I'm Your Book

199

PATTERN 74 나 ~가 지겨워.

I'm bored with + 명사.

동사 bore는 '~를 지루하게 하다'란 뜻의 감정 동사 중 하나입니다. 감정동사에 -ing를 붙이면 '~하는'이란 뜻의 현재 분사가 되고, -ed를 붙여서 과거분사로 만들면 '~된, ~당한, ~되어진'으로 해석이 됩니다. 즉, boring은 '~를 지루하게 하는'이란 뜻이 되는 반면, bored는 무언가 의해서 '지루하게 된, 지루해진' 이란 뜻이 됩니다.

기본패턴 개념잡기

나 내 일이 지겨워.   **I'm bored with** my job.

나 내 삶이 지겨워.   **I'm bored with** my life.

나 내 머리스타일이 지겨워.
　　　　　I'm bored with my hair style.

확장패턴 개념잡기

~ is boring. ~는 지루해.

- 그 영화는 지루해.   The movie is boring.
- 저 여자 애는 지루해.   That girl is boring.

아래 패턴 문장들을 mp3를 들으며 큰 소리로 따라 읽어보세요.

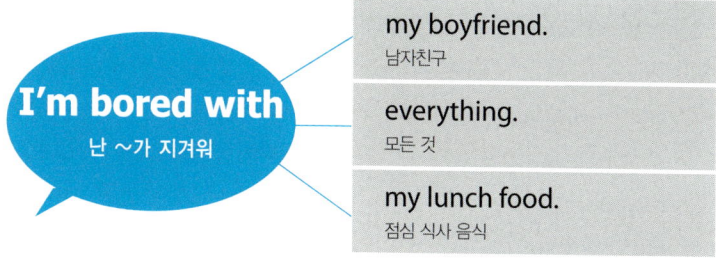

I'm bored with
난 ~가 지겨워

- my boyfriend. 남자친구
- everything. 모든 것
- my lunch food. 점심 식사 음식

- Math 수학
- Life in Australia 호주에서의 삶

is boring.
~는 지루해

REAL Situation

A: I'm bored with my hair color.
B: You should dye your hair.

A: My room is boring.
B: You should rearrange your room.

A: 나 내 머리 색이 지겨워.
B: 머리 염색해 봐.

A: 내 방은 지루해.
B: 방을 재배열 해 봐.

75 PATTERN 나 ~에 실망했어.

I'm disappointed with + 명사.

동사 disappoint는 '~를 실망시키다'란 뜻의 감정 동사 중 하나입니다. 감정동사에 -ing를 붙이면 '~하는'이란 뜻의 현재 분사가 되고, -ed를 붙여서 과거분사로 만들면 '~된, ~당한, ~되어진'으로 해석이 됩니다. 즉, disappointing은 '~를 실망시키는'이란 뜻이 되는 반면, disappointed는 무언가 의해서 '실망당한, 실망스러워진' 이란 뜻이 됩니다.

 기본패턴 개념잡기

나 네게 실망했어.
I'm disappointed with you.

나 그 점수에 실망했어.
I'm disappointed with the score.

나 그 결과에 실망했어.
I'm disappointed with the result.

 확장패턴 개념잡기

~ was disappointing. ~는 실망스러웠어.

- 음식은 실망스러웠어. The food was disappointing.
- 그의 연기는 실망스러웠어.
  His acting was disappointing.

 **패턴완성하기**

아래 패턴 문장들을 mp3를 들으며 큰 소리로 따라 읽어보세요.

I'm disappointed with
나 ~에 실망했어

- this food. 이 음식
- his attitude. 그의 태도
- their service. 그들의 서비스

- Her new novel 그녀의 새 소설
- The decision 그 결정

was disappointing.
~는 실망스러웠어

REAL Situation

A: I messed up. I'm disappointed with myself.
B: Cheer up. Shit happens.

A: How was the band's concert?
B: It was disappointing. I'll never go to their concert again.

A: 내가 망쳤어. 나 내 자신에게 실망했어.
B: 기운 내. 불운한 일도 있는 거야.

A: 그 밴드 콘서트 어땠어?
B: 실망스러웠어. 다시는 그들의 콘서트에 가지 않을 거야.

I'm Your Book

PATTERN 76 난 ~에 만족해.

I'm satisfied with + 명사.

동사 satisfy는 '~를 만족시키다'란 뜻의 감정 동사 중 하나입니다. 감정동사에 -ing를 붙이면 '~하는'이란 뜻의 현재 분사가 되고, -ed를 붙여서 과거분사로 만들면 '~된, ~당한, ~되어진'으로 해석이 됩니다. 즉, satisfying은 '~를 만족시키는'이란 뜻이 되는 반면, satisfied는 무언가 의해서 '만족하게 된, 만족시켜진' 이란 뜻이 됩니다.

기본패턴 개념잡기

난 내 일에 만족해.
I'm satisfied with my job.

난 내 성적에 만족해.
I'm satisfied with my grade.

난 그 결과에 만족해.
I'm satisfied with the outcome.

확장패턴 개념잡기

~ was satisfying.   ~는 만족스러웠어.

- 경치는 만족스러웠어.   The view was satisfying.
- 분위기는 만족스러웠어.
  The atmosphere was satisfying.

 **패턴완성하기**

아래 패턴 문장들을 mp3를 들으며 큰 소리로 따라 읽어보세요.

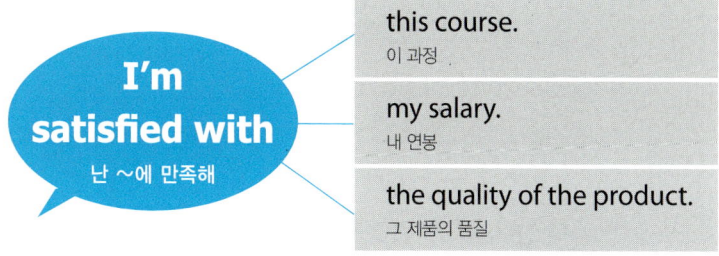

I'm satisfied with
난 ~에 만족해

- this course. 이 과정
- my salary. 내 연봉
- the quality of the product. 그 제품의 품질

was satisfying.
~는 만족스러웠어

- Our meal 우리 식사
- The final product 최종 결과물

REAL Situation

A: How's your new life in Korea?

B: It wasn't easy at first, but now I'm satisfied with my life here in Korea.

A: How was the musical?

B: The overall performance was satisfying.

A: 한국에서의 새로운 생활이 어때?
B: 처음에는 쉽지 않았지만, 지금은 나 여기 한국에서의 삶에 만족해.

A: 그 뮤지컬 어땠어?
B: 전체적인 공연이 만족스러웠어.

EXERCISE
배웠던 대화 내용을 영어로 다시 말할 수 있는지 확인해 보세요.

1. A: What are you interested in these days?
   B: 나 요즘 요리에 관심 있어. ▶ cooking 요리
   A: James is interested in Susan.
   B: 그거 재미있네, because he already has a girlfriend.

2. A: 나 내 머리 색이 지겨워. ▶ hair color 머리 색상
   B: You should dye your hair.
   A: 내 방은 지루해. ▶ room 방
   B: You should rearrange your room.

3. A: I messed up. 나 내 자신에게 실망했어. ▶ myself 내 자신
   B: Cheer up. Shit happens.
   A: How was the band's concert?
   B: 실망스러웠어. I'll never go to their concert again.

4. A: How's your new life in Korea?
   B: It wasn't easy at first, but now 나 여기 한국에서의 삶에 만족해. ▶ life 삶, 생활
   A: How was the musical?
   B: 전체적인 공연이 만족스러웠어. ▶ overall 전체적인

왕초보! 한 번 쯤은 영어로 꼭 해보고 싶었던 말
베스트 4!
패턴으로 해결한다!

UNIT 20

조용히 해줘.
Please be quiet.

너무 늦지 마.
Don't be so late.

다시는 그런 말 하지 마.
Don't ever say that again.

좋은 하루 보내!
Have a great day!

PATTERN 77 ~해 줘.

Please + 동사원형 ~.

Go to bed.(자러 가), Close your eyes.(눈을 감아)처럼 상대방에게 지시, 명령, 권유 등을 나타낼 때는 동사원형으로 문장을 시작합니다. 이를 명령문이라고 하지요. 명령문 앞에 Please를 붙이면 부탁이나 요청을 나타내는 문장이 되므로 좀 더 공손한 어감을 전달할 수 있습니다. 부정형은 동사원형 앞에 don't를 붙여서 말하면 됩니다.

기본패턴 개념잡기

날 도와 줘.	**Please** help me.
조용히 해줘.	**Please** be quiet.
내 손을 잡아 줘.	**Please** hold my hand.

확장패턴 개념잡기

Please don't + 동사원형.   제발 ~하지 마.

- 제발 가지 마.   Please don't go.
- 제발 문 닫지 마.   Please don't close the door.

아래 패턴 문장들을 mp3를 들으며 큰 소리로 따라 읽어보세요.

Please ~해줘
- do the dishes. 설거지를 하다
- wake me up at 7. 날 7시에 깨워주다
- call me Tom. 날 탐이라고 부르다

Please don't 제발 ~하지 마
- say anything. 어떤 말을 하다
- leave me alone. 나를 혼자 두다

REAL Situation

A: Please open the window. It's too hot in here.
B: No problem.

A: Please don't make the same mistake again.
B: You have my word.

A: 창문 좀 열어줘. 여기 너무 덥네.
B: 그래.

A: 같은 실수를 다시 하지 말아줘.
B: 약속할 게.

PATTERN 78 너무 ~하지 마.

Don't be so + 형용사.

상대방에게 지나치게 어떤 상태로 있지 말라고 지시, 또는 권유할 때 사용할 수 있는 패턴입니다. so는 '너무, 그렇게'란 뜻으로 뒤에 위치하는 형용사의 의미를 강하게 만들어주는 역할을 하지요. '~를 두려워하다, ~를 무서워하다'란 뜻을 가진 be afraid of를 사용해서 Don't be afraid of ~. 패턴도 만들어 사용해 볼 수 있습니다.

기본패턴 개념잡기

너무 화내지 마.	**Don't be so** angry.
너무 늦지 마.	**Don't be so** late.
너무 못되게 굴지 마.	**Don't be so** mean.

확장패턴 개념잡기

Don't be afraid of ~.   ~를 무서워 마.

- 그녀를 두려워 마.   Don't be afraid of her.
- 개들을 무서워 마.   Don't be afraid of dogs.

패턴완성하기

아래 패턴 문장들을 mp3를 들으며 큰 소리로 따라 읽어보세요.

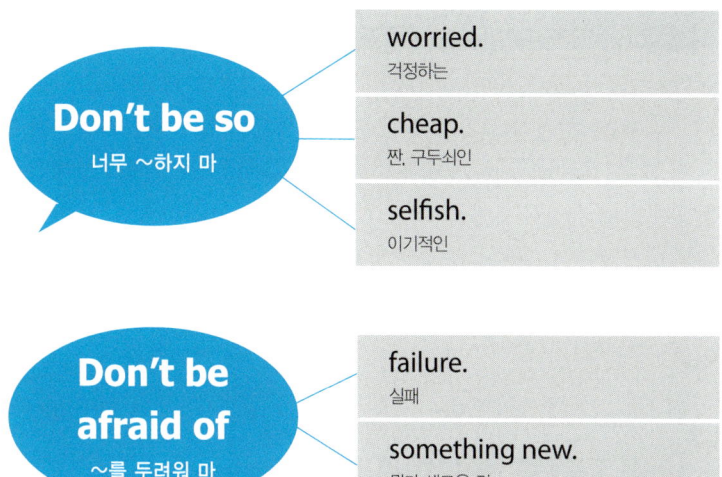

Don't be so 너무 ~하지 마
- worried. 걱정하는
- cheap. 짠, 구두쇠인
- selfish. 이기적인

Don't be afraid of ~를 두려워 마
- failure. 실패
- something new. 뭔가 새로운 것

REAL Situation

A: Finish this right now.
B: I'm trying. Don't be so bossy.

A: I can't sleep alone in the dark. It's too scary.
B: Don't be afraid of the dark. You're not a wimp.

A: 이거 지금 당장 끝내.
B: 노력하고 있다고. 너무 이래라 저래라 마.

A: 나 어두운데서 혼자 못 자. 너무 무서워.
B: 어둠을 무서워 마. 너 겁쟁이 아니잖아.

PATTERN 79 다시는 ~ 하지 마.

Don't ever ~ again.

상대방에게 무언가를 다시는 하지 말라고 강력하게 경고 혹은 충고할 때 사용할 수 있는 패턴입니다. ever를 넣어 강조할 수 있지요. 추가로 '~에 대해 걱정하다'는 뜻을 가진 worry about을 사용해서 상대방을 안심시킬 때 유용하게 쓸 수 있는 Don't worry about 패턴도 같이 기억해 둡시다.

기본패턴 개념잡기

다시는 그 말 하지 마.
Don't ever say that **again**.

다시는 그런 짓 하지 마.
Don't ever do that **again**.

다시는 노래 부르지 마.
Don't ever sing **again**.

확장패턴 개념잡기

Don't worry about ~. ~는 걱정하지 마.

- 내 걱정은 하지 마.   Don't worry about me.
- 그 일은 걱정하지 마.   Don't worry about it.

아래 패턴 문장들을 mp3를 들으며 큰 소리로 따라 읽어보세요.

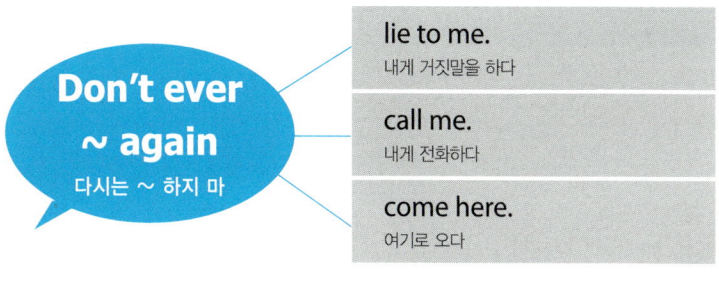

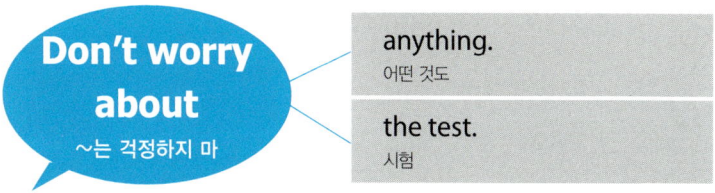

REAL Situation

A: Don't ever touch my stuff again.

B: I won't. I'm sorry.

A: I'm so worried about Jack and Amy.

B: Don't worry about them. They'll be fine.

A: 다시는 내 물건에 손대지 마.
B: 안 그럴게. 미안해.

A: 난 잭과 에이미가 너무 걱정 돼.
B: 걔들 걱정은 하지 마. 괜찮을 거야.

80 PATTERN 즐거운 ~ 보내!

Have a great ~.

누군가와 헤어질 때 작별인사로 사용할 수 있는 패턴입니다. 동사원형 have로 문장을 시작하기에 명령문 패턴이지요. great 대신 good, wonderful, beautiful 등의 다양한 형용사를 사용해서 말할 수도 있습니다. 또한, 축하의 의미를 전할 때 사용하는 Happy + 기념일! 패턴도 같이 기억해 두세요.

 기본패턴 개념잡기

좋은 하루 되세요!	**Have a great** day!
좋은 저녁 되세요!	**Have a great** evening!
좋은 밤 되세요!	**Have a great** night!

 확장패턴 개념잡기

Happy + 기념일! ~축하해!/ 행복한 ~되!

- 생일 축하해요!   Happy birthday!
- 행복한 발렌타인데이 되세요! Happy Valentine's day!

패턴완성하기

아래 패턴 문장들을 mp3를 들으며 큰 소리로 따라 읽어보세요.

Have a great
즐거운 ~보내!

weekend!
주말

trip with your family!
가족들과 여행

time with your friends!
친구들과 시간

Happy
축하해! / 행복한 ~되!

wedding anniversary!
결혼기념일

new year!
새해

REAL Situation

A: I'll see you later.
B: See you later. Have a great date with your girlfriend.

A: Happy Thanksgiving!
B: You, too!

A: 나중에 보자.
B: 나중에 봐. 여자 친구랑 즐거운 데이트 보내.

A: 행복한 추수 감사절 되!
B: 너도!

EXERCISE

배웠던 대화 내용을 영어로 다시 말할 수 있는지 확인해 보세요.

1. A: 창문 좀 열어줘. It's too hot in here. ▶ window 창문
   B: No problem.
   A: 같은 실수를 다시 하지 말아줘. ▶ mistake 실수
   B: You have my word.

2. A: Finish this right now.
   B: I'm trying. 너무 이래라 저래라 마. ▶ bossy 권위적인
   A: I can't sleep alone in the dark. It's too scary.
   B: 어둠을 무서워 마. You're not a wimp. ▶ dark 어두운

3. A: 다시는 내 물건에 손대지 마. ▶ touch 만지다
   B: I won't. I'm sorry.
   A: I'm so worried about Jack and Amy.
   B: 걔들 걱정은 하지 마. They'll be fine. ▶ worry 걱정

4. A: I'll see you later.
   B: See you later. 여자 친구랑 즐거운 데이트 보내.
   A: 행복한 추수 감사절 되! ▶ Thanksgiving 추수감사절
   B: You, too!

왕초보! 한 번 쯤은 영어로 꼭 해보고 싶었던 말
**베스트 4!
패턴으로 해결한다!**

UNIT 21

조언 고마워.
Thank you for your advice.

그 일은 미안해.
I'm sorry about that.

좀 쉬고 하자.
Let's take a break.

커피 마시러 나가자.
Let's go out for coffee.

81 PATTERN ~고마워.

Thank you for ~.

무언가에 감사하다는 말을 할 땐 영어로 "Thank you." 또는 "Thanks."라고 간단하게 말할 수 있습니다. 좀 더 구체적으로 무엇에 대해서 감사한지 이유를 밝히고자 할 때는 뒤에 "for + 이유"를 붙여서 말을 이어주면 되지요. 좀 더 감사의 정도를 높이고 싶다면 뒤에 so much를 붙여서 말해 보세요.

기본패턴 개념잡기

조언 고마워. **Thank you for** your advice.

참고 기다려줘서 고마워.
　　　　　　Thank you for your patience.

와줘서 고마워. **Thank you for** coming.

확장패턴 개념잡기

Thank you so much for ~.　~ 정말로 고마워.

• 수고해줘서 정말 고마워.
　Thank you so much for your trouble.
• 믿어줘서 정말 고마워.
　Thank you so much for your trust.

패턴완성하기

아래 패턴 문장들을 mp3를 들으며 큰 소리로 따라 읽어보세요.

Thank you for ~ 고마워

- your concern.
  염려
- the present.
  선물
- the invite.
  초대

Thank you so much for ~ 정말로 고마워

- your support.
  지지, 지원
- your time.
  너의 시간

REAL Situation

A: Thank you for your help.
B: Don't mention it.
A: Have a seat. I'm so glad you came.
B: Thank you so much for your warm welcome.

A: 도와줘서 고마워.
B: 뭘, 이런 걸 가지고.

A: 앉으세요. 와주셔서 너무 기뻐요.
B: 따뜻하게 환영해주셔서 너무 감사드려요.

I'm Your Book

PATTERN 82 ~ 미안해.

I'm sorry about ~.

무언가에 대해 미안하다거나 죄송하다는 말을 할 때는 간단히 "I'm sorry." 또는 "Sorry."라고 말할 수 있습니다. 좀 더 구체적으로 무엇에 대해서 미안한지 이유를 밝히고자 할 때는 뒤에 "about + 이유"를 붙여서 말을 이어주면 되지요. 또는, 접속사 but을 활용해서 문장을 좀 더 길게 붙여 보는 것도 가능합니다.

 기본패턴 개념잡기

그 일은 미안해. **I'm sorry about** that.

시끄러워서 미안해. **I'm sorry about** the noise.

지난번 일은 미안해. **I'm sorry about** before.

 확장패턴 개념잡기

I'm sorry, but ~. 미안하지만, ~.

- 미안하지만, 난 널 도와줄 수 없어
  I'm sorry, but I can't help you.
- 미안하지만, 난 이 일을 할 수가 없어.
  I'm sorry, but I can't do this.

 패턴완성하기

아래 패턴 문장들을 mp3를 들으며 큰 소리로 따라 읽어보세요.

I'm sorry about
~ 미안해

- yesterday. 어제일
- last night. 어젯밤 일
- the mess. 지저분함

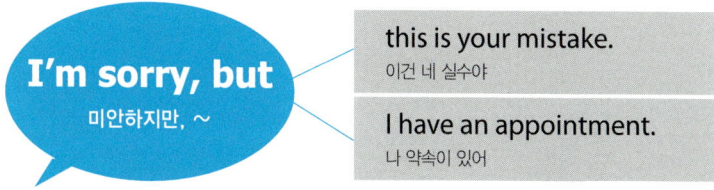

I'm sorry, but
미안하지만, ~

- this is your mistake. 이건 네 실수야
- I have an appointment. 나 약속이 있어

REAL Situation

A: I'm sorry about the inconvenience.
B: That's all right.
A: Why don't we go inside and talk more?
B: I'm sorry, but I have to leave now

A: 불편을 드려서 죄송합니다.
B: 괜찮습니다.

A: 안에 들어가서 좀 더 이야기 나눌까?
B: 미안하지만, 나 이제 가봐야 해.

 ~하자.

Let's ~

권유의 명령문으로 상대방에게 '~하자'라는 말을 전달하고자 할 때 사용할 수 있는 패턴입니다. Let's 뒤에는 동사원형을 붙여서 하고자 하는 행동을 언급해 주면 됩니다. Let's 뒤에 not을 붙이면 '~하지 말자'는 부정의 뜻을 전달할 수 있습니다.

 기본패턴 개념잡기

좀 쉬고 하자. **Let's** take a break.

오늘은 그만 하자. **Let's** call it a day.

우리 돈을 거두자. **Let's** chip in.

 확장패턴 개념잡기

Let's not ~. ~하지 말자.

- 그 얘기는 하지 말자. Let's not talk about it.
- 시간 낭비 하지 말자. Let's not waste time.

 **패턴완성하기**

아래 패턴 문장들을 mp3를 들으며 큰 소리로 따라 읽어보세요.

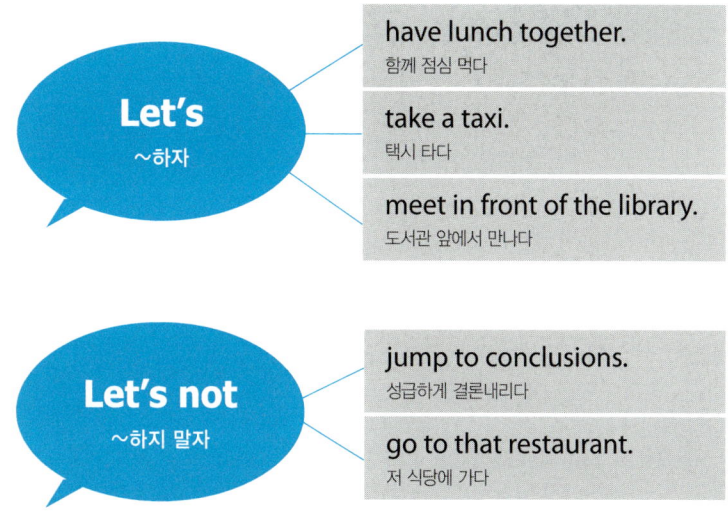

Let's
~하자

- have lunch together.
  함께 점심 먹다
- take a taxi.
  택시 타다
- meet in front of the library.
  도서관 앞에서 만나다

Let's not
~하지 말자

- jump to conclusions.
  성급하게 결론내리다
- go to that restaurant.
  저 식당에 가다

 **REAL Situation**

A: Let's order fried chicken.

B: No, let's not. I'm full.

A: Let's not walk there. It's too far from here.

B: Okay. Let's take the bus then.

A: 치킨 시켜 먹자.
B: 아니, 그러지 말자. 나 배 불러.

A: 거기에 걸어서 가지 말자. 여기서부터 너무 멀어.
B: 그래. 그럼 버스 타자.

~하러 나가자.

Let's go out for ~.

go out for는 말 그대로 무언가를 위해 밖으로 나간다는 의미입니다. 'Let's go out for ~.' 패턴을 활용해서 '커피 마시러 가자', '저녁 먹으러 가자' 등 다양한 말을 만들어 볼 수 있지요. Let's go 뒤에는 또 하나의 동사원형이 위치해서 '가서 ~하다, ~하러 가다'란 뜻을 전달할 수 있습니다.

 기본패턴 개념잡기

커피 마시러 나가자.
Let's go out for coffee.

신선한 바람 좀 쐬러 나가자.
Let's go out for fresh air.

놀러 나가자.
Let's go out for some fun.

 확장패턴 개념잡기

Let's go + 동사원형.   가서 ~하자.

· 가서 뭐 좀 먹자.   Let's go eat something.
· 가서 옷 좀 사자.   Let's go buy some clothes.

 **패턴완성하기**

아래 패턴 문장들을 mp3를 들으며 큰 소리로 따라 읽어보세요.

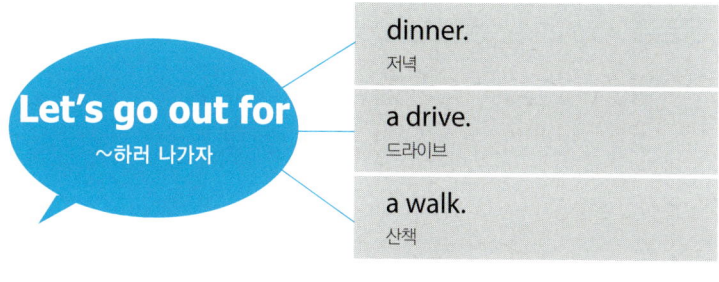

Let's go out for
~하러 나가자

dinner.
저녁

a drive.
드라이브

a walk.
산책

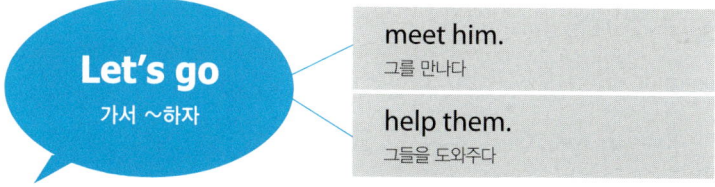

Let's go
가서 ~하자

meet him.
그를 만나다

help them.
그들을 도와주다

REAL Situation

A: Let's go out for a movie.

B: Sounds great! What's showing these days?

A: It's really hot today. Let's go get some ice cream.

B: I'll go if you're buying.

A: 영화 보러 가자.
B: 좋지! 요즘 뭐 하지?

A: 오늘 정말로 덥네. 가서 아이스크림 먹자.
B: 네가 사는 거면 갈게.

EXERCISE

배웠던 대화 내용을 영어로 다시 말할 수 있는지 확인해 보세요.

1 A: 도와줘서 고마워. ▶ help 도움

B: Don't mention it.

A: Have a seat. I'm so glad you came.

B: 따뜻하게 환영해주셔서 너무 감사드려요. ▶ welcome 환영

2 A: 불편을 드려서 죄송합니다. ▶ inconvenience 불편

B: That's all right.

A: Why don't we go inside and talk more?

B: 미안하지만, 나 이제 가봐야 해. ▶ leave 떠나다, 출발하다

3 A: 치킨 시켜 먹자. ▶ fried chicken 치킨

B: No, let's not. I'm full.

A: 거기에 걸어서 가지 말자. It's too far from here.
▶ walk 걷다

B: Okay. Let's take the bus then.

4 A: 영화 보러 가자. ▶ movie 영화

B: Sounds great! What's showing these days?

A: It's really hot today. 가서 아이스크림 먹자.
▶ ice cream 아이스크림

B: I'll go if you're buying.

왕초보! 한 번 쯤은 영어로 꼭 해보고 싶었던 말
**베스트 4!
패턴으로 해결한다!**

UNIT 22

네 남자친구가 누구야?
Who is your boyfriend?

네 이메일 주소가 뭐야?
What is your email address?

누가 방귀뀌었어?
Who farted?

누가 운전할 거야?
Who is going to drive?

PATTERN 85 네 ~가 누구야?

Who is your + 명사?

상대방의 남자친구, 동료 등이 누군지 궁금할 때 Who is your ~? 패턴으로 질문을 던질 수 있습니다. your 뒤에 알고 싶은 명사를 언급해 주면 되지요. 상대방이 가장 좋아하는 누군가가 궁금할 때는 Who is your favorite + 명사? 패턴으로 질문을 던질 수도 있습니다.

 기본패턴 개념잡기

네 남자친구가 누구야?
Who is your boyfriend?

네 영어 선생님이 누구야?
Who is your English teacher?

네 아내가 누구야?
Who is your wife?

 확장패턴 개념잡기

Who is your favorite ~? 가장 좋아하는 ~가 누구야?

· 가장 좋아하는 여배우가 누구야?
  Who is your favorite actress?
· 가장 좋아하는 가수가 누구야?
  Who is your favorite singer?

 **패턴완성하기**

아래 패턴 문장들을 mp3를 들으며 큰 소리로 따라 읽어보세요.

Who is your
네 ~가 누구야?

- best friend?
  절친
- homeroom teacher this year?
  올해 담임선생님
- boss?
  상사

Who is your favorite
가장 좋아하는 ~가 누구야?

- author?
  작가
- comedian?
  개그맨

 **REAL Situation**

A: Who is your role model?
B: Well, Yuna Kim is my role model. She's just perfect.

A: Who is your favorite politician?
B: There is none. They are all greedy.

A: 네 롤 모델은 누구니?
B: 음, 김연아가 제 롤 모델이에요. 그냥 완벽하잖아요.

A: 가장 좋아하는 정치인이 누구야?
B: 아무도 없어. 정치인들은 모두 탐욕스러워.

I'm Your Book

86 PATTERN 네 ~가 뭐야?

What is your ~?

상대방의 주소, 전화번호, 이름 등이 궁금할 때 What is your ~? 패턴으로 질문을 던질 수 있습니다. 가장 좋아하는 대상을 물을 때는 What is your favorite + 명사? 패턴으로 말할 수 있습니다.

 기본패턴 개념잡기

네 이름이 뭐야?   **What's your** name?

네 전화번호가 뭐야?
What's your phone number?

네 이메일 주소가 뭐야?
What's your email address?

 확장패턴 개념잡기

What's your favorite + 명사?
네가 가장 좋아하는 ~가 뭐야?

• 네가 가장 좋아하는 계절이 뭐야?
  What's your favorite season?
• 네가 가장 좋아하는 노래가 뭐야?
  What's your favorite song?

 **패턴완성하기**

아래 패턴 문장들을 mp3를 들으며 큰 소리로 따라 읽어보세요.

What's your
네 ~가 뭐야?

- plan for tonight?
  오늘밤 계획
- blood type?
  혈액형
- first impression about her?
  그녀에 대한 첫인상

What's your favorite
네가 가장 좋아하는 ~가 뭐야?

- color?
  색깔
- kind of music?
  음악의 종류

 **REAL Situation**

A: You have a baby face. What's your secret?

B: Well, I drink lots of water and I always go to bed early.

A: What's your favorite TV show?

B: 'Big Bang Theory' is my favorite. I never miss an episode.

A: 넌 얼굴이 동안이다. 네 비결이 뭐야?
B: 음, 물을 많이 마시고, 난 항상 일찍 잠자리에 들어.

A: 네가 가장 좋아하는 텔레비전 방송이 뭐야?
B: "빅뱅이론"이지. 에피소드 하나도 절대로 놓치지 않는다고.

PATTERN 87 누가 ~하지[했지?]

Who + 일반 동사 ~?

의문사 who는 '누가' 혹은 '누구를'이란 의미를 갖습니다. Who 뒤에 바로 일반 동사를 붙여서 누가 어떤 동작을 했는지 여부를 물어볼 때 사용할 수 있는 패턴입니다. 마찬가지로 의문사 what도 '무엇이' 혹은 '무엇을'이란 의미를 갖는데, happened와 함께 쓰여 무슨 일이 일어났는지에 대해 물을 수 있습니다.

 기본패턴 개념잡기

누가 초콜릿을 원해? **Who wants** chocolate?
[= 초콜릿 먹을 사람?]

누가 방귀 뀌었어? **Who farted**?

누가 창문 깼어? **Who broke** the window?

 확장패턴 개념잡기

What happened to your ~? 너 ~가 어떻게 된 거야?

• 너 차가 어떻게 된 거야?
What happened to your car?

• 너 셔츠가 어떻게 된 거야?
What happened to your shirt?

 **패턴완성하기**

아래 패턴 문장들을 mp3를 들으며 큰 소리로 따라 읽어보세요.

Who 누가 ~하지[했지]?
- wants this pie? 이 파이를 원하다
- won the prize? 상을 탔다
- did this? 이 일을 했다

What happened to your 너 ~가 어떻게 된 거야?
- nose? 코
- voice? 목소리

 **REAL Situation**

A: Who bought you this book?
B: My father. I got it on my birthday.

A: What happened to your voice?
B: It's hoarse from a cold.

A: 누가 네게 이 책을 사줬니?
B: 우리 아빠. 내 생일에 받은 거야.

A: 너 목소리가 어떻게 된 거야?
B: 감기로 목이 쉬었어.

88 PATTERN 누가 ~할 거야?

Who is going to ~?

앞서 be going to는 '~할 예정이다, ~할 것이다'란 의미로 미래 시제를 나타내는 표현이라는 것을 배웠습니다. 의문사 who와 결합하여 누가 무언가를 할 예정인지 질문을 할 때 유용하게 사용할 수 있는 패턴이지요. 또는 who 뒤에 'doesn't + 동사원형'의 부정형을 붙여서 '~하지 않는 사람이 누구야?' 즉 '~안 하는 사람이 어디 있어?'란 의미를 만들어내기도 합니다.

 기본패턴 개념잡기

누가 요리 할 거야?   **Who is going to** cook?

누가 운전 할 거야?   **Who is going to** drive?

누가 먼저 노래 할 거야?
　　　　　　　　Who is going to sing first?

 확장패턴 개념잡기

Who doesn't ~?   ~안[못] 하는 사람이 어디 있어?

· 치킨 좋아하지 않는 사람이 어디 있어?
  Who doesn't like chicken?
· 요즘 차 있지 않은 사람이 어디 있어?
  Who doesn't have a car these days?

패턴완성하기

아래 패턴 문장들을 mp3를 들으며 큰 소리로 따라 읽어보세요.

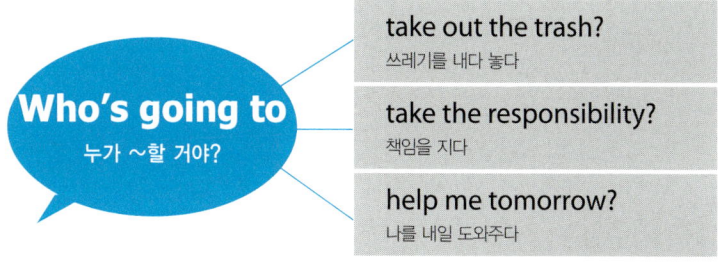

Who's going to 누가 ~할 거야?

- take out the trash?
  쓰레기를 내다 놓다
- take the responsibility?
  책임을 지다
- help me tomorrow?
  나를 내일 도와주다

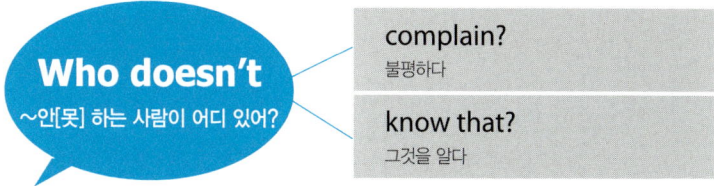

Who doesn't ~안[못] 하는 사람이 어디 있어?

- complain?
  불평하다
- know that?
  그것을 알다

REAL Situation

A: Who's going to give a presentation tomorrow?

B: It's my turn.

A: She's really cute. Who doesn't love her?

B: My girlfriend hates her.

A: 내일 발표 누가할 거야?
B: 내 차례야.

A: 그녀는 정말로 귀여워. 그녈 안 좋아하는 사람이 어디 있어?
B: 내 여자 친구는 그 여자 싫어해.

EXERCISE

배웠던 대화 내용을 영어로 다시 말할 수 있는지 확인해 보세요.

1 A: 네 롤 모델은 누구니? ▶ role model 롤 모델(모범이 되는 사람)

B: Well, Yuna Kim is my role model. She's just perfect.

A: 가장 좋아하는 정치인이 누구야? ▶ politician 정치인

B: There is none. They are all greedy.

2 A: You have a baby face. 네 비결이 뭐야? ▶ secret 비결, 비밀

B: Well, I drink lots of water and I always go to bed early.

A: 네가 가장 좋아하는 텔레비전 방송이 뭐야? ▶ TV show 텔레비전 방송

B: 'Big Bang Theory' is my favorite. I never miss an episode.

3 A: 누가 네게 이 책을 사줬니? ▶ book 책

B: My father. I got it on my birthday.

A: 너 목소리가 어떻게 된 거야? ▶ voice 목소리

B: It's hoarse from a cold.

4 A: 내일 발표 누가할 거야? ▶ presentation 발표

B: It's my turn.

A: She's really cute. 그녀를 안 좋아하는 사람이 어디 있어?
  ▶ love 좋아하다

B: My girlfriend hates her.

왕초보! 한 번 쯤은 영어로 꼭 해보고 싶었던 말
**베스트 4!
패턴으로 해결한다!**

UNIT 23

너 무슨 일을 하니?
What do you do?

너 보통 어디에 주차하니?
Where do you usually park?

너 언제 직장 그만뒀어?
When did you quit your job?

다음 버스 언제 와?
When is the next bus?

PATTERN 89 너 무엇을[뭘, 무슨] ~하니?

What do you ~?

의문사 what은 '무엇을'이라는 뜻으로 일반 동사가 의미하는 동작의 대상을 의미하기도 합니다. 즉, 상대방에게 무엇을 하는지, 무엇을 공부하는지, 무엇을 생각하는지 등을 물을 때 What do you ~? 패턴으로 질문을 던질 수 있지요. 과거에 무엇을 했는지 여부를 물을 때는 do를 did로 바꿔서 What did you ~? 패턴으로 질문을 하면 됩니다.

기본패턴 개념잡기

너 무슨 일을 하니?   **What do you** do?

너 무슨 말을 하는 거니?   **What do you** mean?

너 그것에 대해 뭘 생각하니?(= 너 그것에 대해 어떻게 생각하니?)
What do you think about it?

확장패턴 개념잡기

What did you ~?   너 뭘 ~했니?

- 너 어제 뭘 했니?
  What did you do yesterday?
- 너 점심으로 뭘 먹었니?
  What did you have for lunch?

패턴완성하기

아래 패턴 문장들을 mp3를 들으며 큰 소리로 따라 읽어보세요.

What do you 넌 무엇을 ~하니?
- suggest? 제안하다
- have in your pocket? 주머니에 가지고 있다
- usually eat for breakfast? 보통 아침식사로 먹다

What did you 너 뭘 ~했니?
- say to him? 그에게 말하다
- learn from that experience? 그 경험으로부터 배우다

REAL Situation

A: What do you usually do in your free time?
B: Well, I usually take a nap.

A: What did you buy at the mall yesterday?
B: Nothing special. I just bought some clothes.

A: 너 여가 시간에 보통 뭘 하니?
B: 난 보통 낮잠을 자.

A: 너 어제 몰에서 뭘 샀니?
B: 특별한 건 없어. 그냥 옷을 좀 샀어.

너 어디에[서, 로] 보통 ~하니?

Where do you usually ~?

의문사 where를 이용해 상대방이 하는 일에 대한 장소를 물을 수 있습니다. 이때 usually를 넣어 그 일을 보통 어디에서 하는지 질문할 수 있죠. 과거에 했던 일에 대해 물을 땐, 'Where did you ~?'로 바꿔 말하면 됩니다.

 기본패턴 개념잡기

너 어디에 보통 주차하니?
Where do you usually park?

너 어디로 보통 쇼핑하러 가니?
Where do you usually go shopping?

너 어디서 보통 독서를 하니?
Where do you usually read books?

 확장패턴 개념잡기

Where did you ~? 너 어디서[로, 에] ~했니?

• 너 어디서 그녀를 만났니?
  Where did you meet her?
• 너 어디서 그 정보를 얻었니?
  Where did you get that information?

 **패턴완성하기**

아래 패턴 문장들을 mp3를 들으며 큰 소리로 따라 읽어보세요.

 **REAL Situation**

A: You're very fit. Where do you usually work out?
B: I just do push-ups and sit-ups, so I usually work out at home.

A: Where did you go to school?
B: Oh, I went to Harvard.

A: 너 몸매가 탄탄하구나. 너 어디서 보통 운동하니?
B: 난 그냥 팔굽혀펴기랑 윗몸 일으키기만 해. 그래서 난 보통 집에서 운동을 해.

A: 너 학교 어디 다녔니?
B: 아, 저 하버드 다녔어요.

 너 언제 ~했어?

When did you ~?

상대방에게 언제 무언가를 했는지 시점을 물어보고자 할 때 사용할 수 있는 패턴입니다. 과거시점을 묻고 있기 때문에 did가 사용되고 있지요. when 대신에 what time을 넣어서 What time did you ~? (너 몇 시에 ~했니?)라고 물을 수도 있습니다. 미래 어느 시점에 특정행동을 할 계획인지를 묻고 싶다면 When will you ~? 패턴으로 질문을 던질 수 있습니다.

 기본패턴 개념잡기

너 언제 일 그만뒀어?
When did you quit your job?

너 그 얘기 언제 들었어?
When did you hear that?

너 언제 여기 도착했어?
When did you get here?

 확장패턴 개념잡기

When will you ~?   너 언제 ~할 거야?

- 너 언제 집에 올 거야? When will you come home?
- 너 언제 철들래?   When will you grow up?

 패턴완성하기

아래 패턴 문장들을 mp3를 들으며 큰 소리로 따라 읽어보세요.

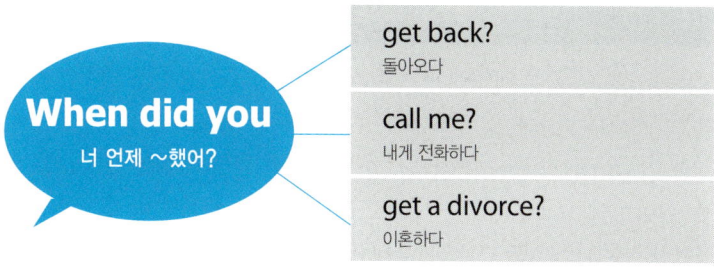

When did you 너 언제 ~했어?

- get back? 돌아오다
- call me? 내게 전화하다
- get a divorce? 이혼하다

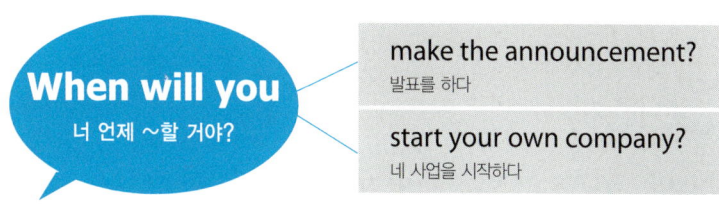

When will you 너 언제 ~할 거야?

- make the announcement? 발표를 하다
- start your own company? 네 사업을 시작하다

 **REAL Situation**

A: When did you visit your parents?
B: Last month, I guess.

A: When will you pick me up?
B: Is 7 okay with you?

A: 너 언제 부모님 뵈었어?
B: 지난달이었던 것 같아.

A: 너 언제 나 데리러 올 거야?
B: 7시 괜찮니?

PATTERN 92 ~ 언제야?

When is ~?

의문사 when은 '언제'란 뜻을 갖습니다. 행사나 기념일의 날짜가 언제인지, 버스나 기차가 언제 오는지 등을 물을 때 When is ~? 패턴을 사용해서 질문을 던질 수 있지요. '어디'란 뜻을 가진 의문사 where를 활용한 Where is ~? 패턴은 무언가의 현 위치를 묻고자 할 때 유용하게 사용할 수 있는 패턴입니다.

 기본패턴 개념잡기

오디션 언제야?	**When is** the audition?
다음 버스 언제와?	**When is** the next bus?
네 생일 언제야?	**When is** your birthday?

 확장패턴 개념잡기

Where is the + 장소명사?   ~는 어딨어?

- 버스 정류장이 어딨어?   Where is the bus stop?
- 은행이 어딨어?   Where is the bank?

244 UNIT 23

 **패턴완성하기**

아래 패턴 문장들을 mp3를 들으며 큰 소리로 따라 읽어보세요.

When is
~ 언제야?

the next train to Ulsan?
울산행 다음 기차

your day-off?
너 쉬는 날

the due date?
기한, 마감일

Where is
~는 어딨어?

the restroom?
화장실

the entrance to the building?
건물 출입구

 **REAL Situation**

A: When is your job interview?

B: It's Friday this week. Oh, I'm so nervous.

A: Where is the subway station?

B: It's right around the corner.

A: 면접이 언제야?
B: 이번 주 금요일. 아, 정말 긴장 돼.

A: 지하철역이 어디 있어?
B: 골목 돌면 바로 있어.

EXERCISE

배웠던 대화 내용을 영어로 다시 말할 수 있는지 확인해 보세요.

1 A: 너 여가 시간에 보통 뭘 하니? ▶ free time 여가 시간

B: Well, I usually take a nap.

A: 너 어제 몰에서 뭘 샀니? ▶ yesterday 어제

B: Nothing special. I just bought some clothes.

2 A: You're very fit. 너 어디서 보통 운동하니? ▶ work out 운동하다

B: I just do push-ups and sit-ups, so I usually work out at home.

A: 너 학교 어디 다녔니? ▶ school 학교

B: Oh, I went to Harvard.

3 A: 너 언제 부모님 뵈었어? ▶ parents 부모님

B: Last month, I guess.

A: 너 언제 나 데리러 올 거야? ▶ pick up 데리러 가다/오다

B: Is 7 okay with you?

4 A: 면접이 언제야? ▶ interview 면접

B: It's Friday this week. Oh, I'm so nervous.

A: 지하철역이 어딨어? ▶ subway station 지하철역

B: It's right around the corner.

왕초보! 한 번 쯤은 영어로 꼭 해보고 싶었던 말
베스트 4!
패턴으로 해결한다!

UNIT 24

새 직장은 어때?
How is your new job?

너 어떻게 출근 해?
How do you go to work?

너 얼마나 자주 술 마셔?
How often do you drink?

어떻게 그녀를 설득할 수 있을까?
How can I convince her?

93 PATTERN ~는 어때?

How is[are] ~?

의문사 how는 '어떻게'란 뜻과 함께 '어떤'이란 의미로 상태를 나타내는 표현도 가지고 있습니다. 그래서 상대방에게 안부를 물을 때 "How are you?(너 어떻게 지내?)", "How is everything?(별 일 없지?)" 라고 말할 수 있지요. 주어에 따라서 How 뒤에 is와 are를 적절히 사용하여, 과거형의 경우 was나 were를 사용합니다.

 기본패턴 개념잡기

새 직장은 어때? **How is** your new job?

거기 날씨는 어때? **How is** the weather there?

부모님들은 어떠셔? **How are** your parents?

 확장패턴 개념잡기

How was ~? ~는 어땠어?

- 데이트는 어땠어? How was your date?
- 일본 여행은 어땠어? How was your trip to Japan?

 패턴완성하기

아래 패턴 문장들을 mp3를 들으며 큰 소리로 따라 읽어보세요.

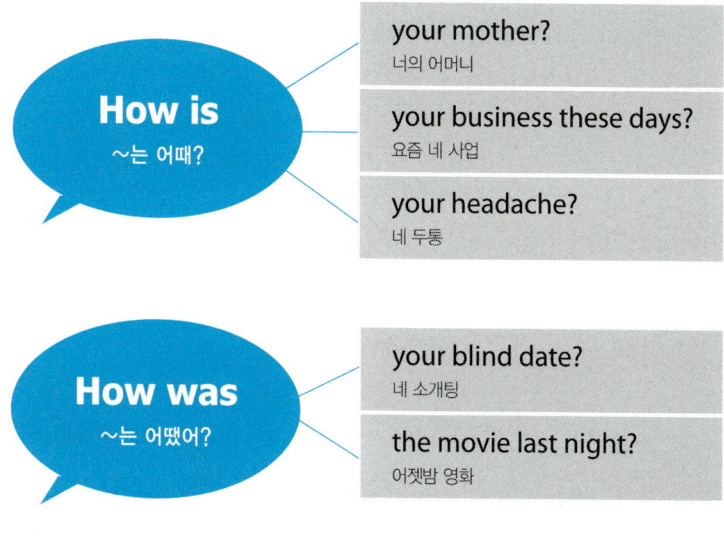

How is
~는 어때?

your mother?
너의 어머니

your business these days?
요즘 네 사업

your headache?
네 두통

How was
~는 어땠어?

your blind date?
네 소개팅

the movie last night?
어젯밤 영화

REAL Situation

A: How is the weather in Sydney?

B: It's too hot. I rarely go out these days.

A: How was your first day in your new school?

B: Not bad. I made some friends.

A: 시드니 날씨는 어때?
B: 너무 더워. 나 요즘 거의 안 나가.

A: 새 학교에서 첫 날 어땠니?
B: 나쁘지 않았어요. 친구를 몇 명 사귀었어요.

94
PATTERN 너 어떻게 ~해?

How do you ~?

의문사 how를 '어떻게'란 뜻으로 사용하여 상대방에게 수단, 또는 방법을 묻고자 할 때 How do you ~? 패턴으로 질문을 던질 수 있습니다. 현재시제로 일반적인 상황에서의 수단, 방법을 묻고 있지요. 반면, 과거시제로 '너 어떻게 ~했니?'라고 묻고 싶다면 do 대신에 did를 넣어서 말하면 됩니다.

 기본패턴 개념잡기

너 어떻게 출근 하니? **How do you** go to work?

너 어떻게 그걸 알아? **How do you** know it?

너 어떻게 스트레스를 푸니?
   How do you handle stress?

 확장패턴 개념잡기

How did you ~? 너 어떻게 ~했니?

- 너 어떻게 이거 만들었니?
  How did you make this?
- 너 어떻게 싱크대를 뚫었니?
  How did you unclog a sink?

패턴완성하기

아래 패턴 문장들을 mp3를 들으며 큰 소리로 따라 읽어보세요.

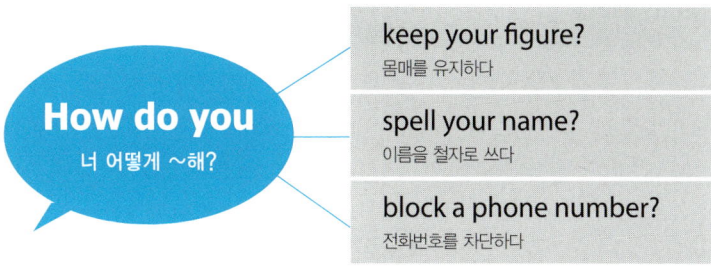

How do you
너 어떻게 ~해?

- keep your figure?
  몸매를 유지하다
- spell your name?
  이름을 철자로 쓰다
- block a phone number?
  전화번호를 차단하다

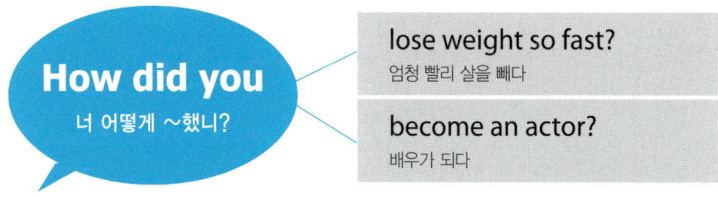

How did you
너 어떻게 ~했니?

- lose weight so fast?
  엄청 빨리 살을 빼다
- become an actor?
  배우가 되다

REAL Situation

A: How do you get to school?
B: By bus. But sometimes I take the subway.

A: How did you spend this winter vacation?
B: My wife and I went to Bali and stayed there for a week.

A: 너 어떻게 학교에 가니?
B: 버스로 가. 하지만 가끔씩은 전철도 타.

A: 이번 겨울 휴가 어떻게 보냈니?
B: 와이프랑 발리에 가서 일주일 동안 머물다 왔어.

95 너 얼마나 자주 ~해?
PATTERN

How often do you ~?

의문사는 특정 형용사 혹은 부사와 함께 쓰이기도 합니다. 예를 들어, how often (얼마나 자주), how much/many (얼마나 많이), how long (얼마나 길게)처럼 말이죠. 상대방에게 어떤 행동의 빈도, 횟수를 물어볼 때는 How often do you ~? 패턴을 사용합니다.

기본패턴 개념잡기

너 얼마나 자주 술 마셔?
How often do you drink?

너 얼마나 자주 친구들을 만나?
How often do you meet your friends?

너 얼마나 자주 세차해?
How often do you wash your car?

확장패턴 개념잡기

How much is ~? ~는 얼마야?

· 그거 얼마야?   How much is it?
· 저 가죽 재킷 얼마야?
  How much is the leather jacket?

252 UNIT 24

패턴완성하기

아래 패턴 문장들을 mp3를 들으며 큰 소리로 따라 읽어보세요.

How often do you
너 얼마나 자주 ~해?

- eat out?
  외식하다
- do the laundry?
  빨래를 하다
- shop oline?
  온라인으로 쇼핑하다

How much is
~는 얼마야?

- the fare?
  요금
- the total?
  총액

REAL Situation

A: How often do you see your relatives?
B: I rarely see them. They are all busy.

A: How much is this new digital camera?
B: It's 600 dollars. It's out of our price range.

A: 너 얼마나 자주 친척들을 보니?
B: 거의 못 봐. 다들 바쁘거든.

A: 이 새로 나온 디카는 얼마지?
B: 600달러네. 우리 가격 범위를 벗어나는구나.

PATTERN 96 (내가) 어떻게 ~할 수 있을까?

How can I ~?

의문사 how는 조동사 can과 함께 쓰며, 어떻게 할 수 있는지 또는 should와 함께 쓰여 어떻게 해야 하는지를 물을 수 있습니다. How can I ~?는 문맥에 따라서 '내가 어떻게 ~할 수 있겠어?'와 같이 비관적인 의미를 나타내기도 합니다.

 기본패턴 개념잡기

어떻게 이 일을 할 수 있을까?
How can I do this?

어떻게 그녀를 설득할 수 있을까?
How can I convince her?

어떻게 그들을 도울 수 있을까?
How can I help them?

 확장패턴 개념잡기

How should I ~? 어떻게 ~해야 하지?

- 어떻게 그 쪽을 불러야 하죠?
  How should I address you?
- 어떻게 상황들을 수습해야 하지?
  How should I fix things?

 패턴완성하기

아래 패턴 문장들을 mp3를 들으며 큰 소리로 따라 읽어보세요.

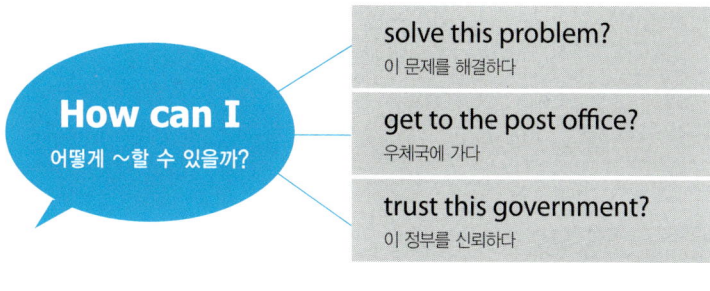

How can I
어떻게 ~할 수 있을까?

- solve this problem?
  이 문제를 해결하다
- get to the post office?
  우체국에 가다
- trust this government?
  이 정부를 신뢰하다

How should I
어떻게 ~해야 하지?

- dress tonight?
  오늘밤 옷을 입다
- start my diet?
  다이어트를 시작하다

 **REAL Situation**

A: Excuse me, how can I get to City Hall?
B: Just walk straight. Turn left at the first corner. It's on your right.

A: How should I wear my hair?
B: You should wear your hair up.

A: 죄송하지만, 시청에 어떻게 갈 수 있을까요?
B: 그냥 직진해서 걸어가세요. 첫 번째 골목에서 왼쪽으로 도세요. 오른편에 있을 겁니다.

A: 머리를 어떻게 해야 할까?
B: 머리를 위로 올려 묶도록 해.

I'm Your Book

EXERCISE

배웠던 대화 내용을 영어로 다시 말할 수 있는지 확인해 보세요.

1 A: 시드니 날씨는 어때? ▶ weather 날씨
   B: It's too hot. I rarely go out these days.
   A: 새 학교에서 첫 날 어땠니?
   A: Not bad. I made some friends.

2 A: 너 어떻게 학교에 가니?
   B: By bus. But sometimes I take the subway.
   A: 이번 겨울 휴가 어떻게 보냈니? ▶ vacation 휴가
   B: My wife and I went to Bali and stayed there for a week.

3 A: 너 얼마나 자주 친척들을 보니? ▶ relatives 친척
   B: I rarely see them. They are all busy.
   A: 이 새로 나온 디카는 얼마지? ▶ digital camera 디카(디지털 카메라)
   B: It's 600 dollars. It's out of our price range.

4 A: Excuse me, 시청에 어떻게 갈 수 있을까요? ▶ City Hall 시청
   B: Just walk straight. Turn left at the first corner. It's on your right.
   A: 머리를 어떻게 해야 할까?
   B: You should wear your hair up.

왕초보! 한 번 쯤은 영어로 꼭 해보고 싶었던 말
베스트 4!
패턴으로 해결한다!

UNIT 25

너 왜 여기 있니?
Why are you here?

너 왜 영어를 배우니?
Why do you learn English?

너 왜 마음을 바꾼 거야?
Why did you change your mind?

너 좀 쉬는 게 어때?
Why don't you take a rest?

PATTERN 97 너 왜 ~니?

Why are you ~?

의문사 why는 '왜'라는 뜻으로 이유를 물어볼 때 사용되는 표현이지요. 상대방의 위치, 혹은 상태 등과 관련한 이유를 묻고자 할 때 Why are you ~? 패턴으로 질문을 던질 수 있습니다. be동사와 함께 쓰이는 형용사 혹은 장소 부사어들이 주어 you 뒤에 위치하면 되지요. 또는 일반동사에 V-ing형태를 붙여서 왜 그러는 중인 건지 진행시제와 관련한 질문을 던질 수도 있습니다.

 기본패턴 개념잡기

> 너 왜 여기 있니? **Why are you** here?
>
> 너 왜 늦은 거야? **Why are you** late?
>
> 넌 왜 항상 바쁜 거야?
> **Why are you** always busy?

 확장패턴 개념잡기

> **Why are you + 동사-ing ~?** 너 왜 ~하는 거야?
>
> • 너 왜 내게 소리 지르는 거야?
>   Why are you yelling at me?
> • 너 왜 그렇게 일찍 가는 거야?
>   Why are you leaving so early?

패턴완성하기

아래 패턴 문장들을 mp3를 들으며 큰 소리로 따라 읽어보세요.

Why are you 너 왜 ~니?

- serious? 심각한, 진지한
- so upset? 그렇게 화가 난
- always tired? 항상 피곤한

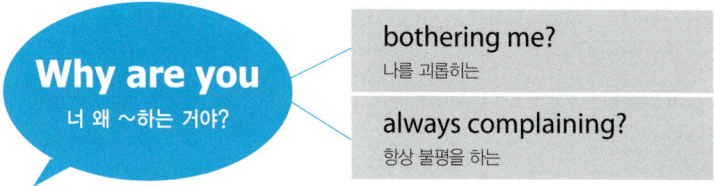

Why are you 너 왜 ~하는 거야?

- bothering me? 나를 괴롭히는
- always complaining? 항상 불평을 하는

💬 REAL Situation

A: Why are you in a hurry?
B: Because I have to get to the airport by 5.

A: Why are you taking pictures of your shoes?
B: Because I'm going to sell them online.

A: 너 왜 서두르는 거야?
B: 나 5시 까지 공항에 도착해야 해.

A: 너 왜 네 신발들 사진을 찍는 거야?
B: 온라인에서 팔려고 그래.

PATTERN 98 너 왜 ~하니?

Why do you ~?

상대방이 왜 무언가를 하는지 그 이유를 물을 때 Why do you ~? 패턴으로 질문을 던질 수 있습니다. 빈도부사 always를 사용한 Why do you always ~? 패턴은 상대방이 왜 늘, 항상 어떤 행동을 하는 건지 궁금할 때 사용할 수 있는 질문 패턴입니다.

 기본패턴 개념잡기

너 왜 영어를 배우니?
Why do you learn English?

너 왜 묻는 거야?
Why do you ask?

너 왜 이상하게 행동하는 거야?
Why do you act strangely?

 확장패턴 개념잡기

Why do you always ~? 넌 왜 항상 ~하니?

· 넌 왜 항상 날 괴롭히니?
  Why do you always pick on me?
· 넌 왜 항상 날 무시하니?
  Why do you always ignore me?

패턴완성하기

아래 패턴 문장들을 mp3를 들으며 큰 소리로 따라 읽어보세요.

Why do you 너 왜 ~하니?
- collect old stamps? 오래된 우표를 모으다
- care about him? 그를 걱정하다
- exercise so hard? 그렇게 열심히 운동하다

Why do you always 너 왜 항상 ~하니?
- wear the same shirt? 같은 셔츠를 입다
- keep the same hair style? 같은 머리 스타일을 유지하다

REAL Situation

A: Why do you look so down?
B: Because I got C's on all the exams.

A: Why do you always start something at the last minute?
B: I don't know. Maybe I'm too lazy.

A: 너 왜 그렇게 우울해 보이니?
B: 나 모든 시험에서 C를 받았거든.

A: 넌 왜 항상 막판에 뭔가를 시작하니?
B: 모르겠어. 내가 너무 게으른가 보지.

PATTERN 99 너 왜 ~한 거야?

Why did you ~?

과거에 상대방이 취한 행동의 이유를 묻고자 할 때 Why did you ~? 패턴으로 질문을 던질 수 있습니다. 부정의문문인 Why didn't you ~? 패턴은 상대방에게 왜 그러지 않은 건지를 따져 묻고 싶을 때 유용하게 사용할 수 있는 패턴입니다.

기본패턴 개념잡기

너 왜 마음을 바꾼 거야?
Why did you change your mind?

너 왜 날 기다린 거야?
Why did you wait for me?

너 왜 날 여기로 데려온 거야?
Why did you bring me here?

확장패턴 개념잡기

Why didn't you ~? 너 왜 ~ 안 했어?

- 너 왜 내 전화 안 받았어?
  Why didn't you answer my call?
- 너 왜 나 안 깨웠어?
  Why didn't you wake me up?

패턴완성하기

아래 패턴 문장들을 mp3를 들으며 큰 소리로 따라 읽어보세요.

Why did you
너 왜 ~한 거야?

- take the bus today?
  오늘 버스를 타다
- choose your major?
  네 전공을 선택하다
- become a doctor?
  의사가 되다

Why didn't you
너 왜 ~ 안 했어?

- show up at the party?
  파티에 나타나다
- call ahead?
  미리 전화를 하다

REAL Situation

A: You're soaked. Why didn't you take an umbrella with you?
B: It slipped my mind.

A: Why did you break up with her?
B: Because she cheated on me.

A: 너 흠뻑 젖었네. 너 왜 우산 안 가져갔어?
B: 깜박 했어.

A: 너 왜 그녀와 헤어졌어?
B: 그녀가 나 몰래 바람을 폈거든.

너 ~하는 게 어때?

Why don't you ~?

상대방에게 무언가를 하라고 제안, 권유할 때 "Why don't you ~?" 패턴을 사용할 수 있습니다. 우리말로 '너 ~하는 게 어때?'란 뜻을 전달하지요. 주어를 바꿔 다양한 의미로 사용할 수도 있습니다.

 기본패턴 개념잡기

너 좀 쉬는 게 어때?
Why don't you take a break?

너 병원에 가보는 게 어때?
Why don't you see a doctor?

너 이걸 사는 게 어때?
Why don't you buy this one?

 확장패턴 개념잡기

Why don't we ~?   우리 ~하는 게 어때?

- 우리 여기 앉는 게 어때?
  Why don't we have a seat here?
- 우리 볼링 치러 가는 게 어때?
  Why don't we go bowling?

패턴완성하기

아래 패턴 문장들을 mp3를 들으며 큰 소리로 따라 읽어보세요.

Why don't you 너 ~하는 데 어때?

- stay for dinner? 저녁 먹고 가다
- wear a black sweater? 검정 스웨터를 입다
- act your age? 나이 값을 하다

Why don't we 우리 ~하는 게 어때?

- go fishing? 낚시하러 가다
- go skiing? 스키타러 가다

REAL Situation

A: You look really tired. Why don't you get some sleep?
B: It's okay. I just need some coffee.

A: Why don't we get together this Friday?
B: It sounds good to me.

A: 너 정말 피곤해 보여. 눈 좀 붙이는 게 어때?
B: 괜찮아. 난 그저 커피가 필요해.

A: 우리 이번 주 금요일에 뭉치는 게 어때?
B: 난 좋아.

EXERCISE

배웠던 대화 내용을 영어로 다시 말할 수 있는지 확인해 보세요.

1. A: 너 왜 서두르는 거야? ▶ hurry 서두르다
   B: Because I have to get to the airport by 5.
   A: 너 왜 네 신발들 사진을 찍는 거야? ▶ shoes 신발
   B: Because I'm going to sell them online.

2. A: 너 왜 그렇게 우울해 보이니?
   B: Because I got C's on all the exams.
   A: 넌 왜 항상 막판에 뭔가를 시작하니? ▶ start 시작하다
   B: I don't know. Maybe I'm too lazy.

3. A: You're soaked. 너 왜 우산 안 가져갔어? ▶ umbrella 우산
   B: It slipped my mind.
   A: 너 왜 그녀와 헤어졌어? ▶ break up 헤어지다
   B: Because she cheated on me.

4. A: You look really tired. 눈 좀 붙이는 게 어때?
   B: It's okay. I just need some coffee.
   A: 우리 이번주 금요일에 뭉치는 게 어때? ▶ get together 만나다, 모이다
   B: It sounds good to me.

I'm Your Book

I'm Your Book